大家小书

考古寻根记

苏秉琦 著

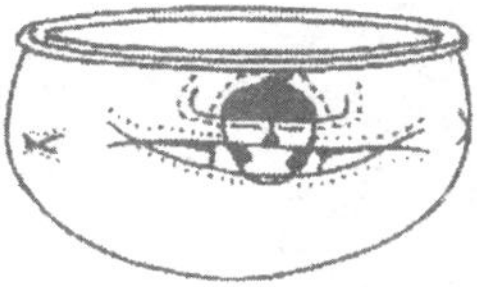

北京出版集团公司
北京出版社

图书在版编目（CIP）数据

考古寻根记 / 苏秉琦著. — 北京：北京出版社，2019.10

（大家小书）

ISBN 978-7-200-14953-1

Ⅰ. ①考… Ⅱ. ①苏… Ⅲ. ①考古学—普及读物 Ⅳ. ① K85-49

中国版本图书馆 CIP 数据核字（2019）第 120072 号

总 策 划：安 东 高立志 责任编辑：王铁英

·大家小书·

考古寻根记

KAOGU XUNGENJI

苏秉琦 著

出　　版 北京出版集团公司
　　　　 北京出版社

地　　址 北京北三环中路 6 号

邮　　编 100120

网　　址 www.bph.com.cn

总 发 行 北京出版集团公司

印　　刷 北京华联印刷有限公司

经　　销 新华书店

开　　本 880 毫米 ×1230 毫米 1/32

印　　张 10.875

字　　数 180 千字

版　　次 2019 年 10 月第 1 版

印　　次 2022 年 11 月第 2 次印刷

书　　号 ISBN 978-7-200-14953-1

定　　价 48.00 元

如有印装质量问题，由本社负责调换

质量监督电话 010-58572393

总　　序

袁行霈

“大家小书”，是一个很俏皮的名称。此所谓“大家”，包括两方面的含义：一、书的作者是大家；二、书是写给大家看的，是大家的读物。所谓“小书”者，只是就其篇幅而言，篇幅显得小一些罢了。若论学术性则不但不轻，有些倒是相当重。其实，篇幅大小也是相对的，一部书十万字，在今天的印刷条件下，似乎算小书，若在老子、孔子的时代，又何尝就小呢？

编辑这套丛书，有一个用意就是节省读者的时间，让读者在较短的时间内获得较多的知识。在信息爆炸的时代，人们要学的东西太多了。补习，遂成为经常的需要。如果不善于补习，东抓一把，西抓一把，今天补这，明天补那，效果未必很好。如果把读书当成吃补药，还会失去读书时应有的那份从容和快乐。这套丛书每本的篇幅都小，读者即使细细地阅读慢慢地体味，也花不了多少时间，可以充分享受读书的乐趣。如果把它们当成补药来吃也行，剂量小，吃起来方便，消化起来也容易。

我们还有一个用意，就是想做一点文化积累的工作。把那些经过时间考验的、读者认同的著作，搜集到一起印刷出版，使之不至于泯没。有些书曾经畅销一时，但现在已经不容易得到；有些书当时或许没有引起很多人注意，但时间证明它们价值不菲。这两类书都需要挖掘出来，让它们重现光芒。科技类的图书偏重实用，一过时就不会有太多读者了，除了研究科技史的人还要用到之外。人文科学则不然，有许多书是常读常新的。然而，这套丛书也不都是旧书的重版，我们也想请一些著名的学者新写一些学术性和普及性兼备的小书，以满足读者日益增长的需求。

“大家小书”的开本不大，读者可以揣进衣兜里，随时随地掏出来读上几页。在路边等人的时候，在排队买戏票的时候，在车上、在公园里，都可以读。这样的读者多了，会为社会增添一些文化的色彩和学习的气氛，岂不是一件好事吗?

“大家小书”出版在即，出版社同志命我撰序说明原委。既然这套丛书标示书之小，序言当然也应以短小为宜。该说的都说了，就此搁笔吧。

其大无外，其小无内
——苏秉琦先生《考古寻根记》导读

郭大顺

1987年苏秉琦先生应《中国建设》杂志之邀，撰写了《华人·龙的传人·中国人——考古寻根记》一文（以下简称《考古寻根记》）。在这篇不到两千字的短文里，先生的视野，时间跨越从距今五六千年间到四五千年间，延续至两千年前，地域从中原拓展到东南和北方地区，内容以古史传说的五帝时代为重点，虽然高度概括，但由于是以考古实例进行的具体分析，很快得到社会认可，当年《新华文摘》转载后，又以“内容的科学性”被选为1988年高考语文阅读题。

从这篇文章的前半部分和此前几年先生一系列的讲座、论文，如收入本书的《文化与文明》、《中华文明的新曙光》等可以看出，包括《考古寻根记》在内的这组有关文明起源的专题文章写作的直接原因，是1983—1986年辽宁西部山区的东山嘴、牛河梁红山文化“坛庙冢”遗址群发现报导后，受到社会广泛关注并推动了学术界对文明起源的讨论，先生在这一牵动亿万中华儿女心扉的学术大潮中，始终站在第一线，连续提出一系列指导性理论和观点：早在1983年东山嘴遗址刚发现时，他就意识到这处遗址北方南圆的布局具有古代中国建筑、特别是祭祀礼仪性建筑的传统特点，在《座谈东山嘴遗址——我的一点补充意见》一文中，将东山嘴遗址的祭坛与隔年发现的牛河梁女神庙和积石冢一起，视为近于古人传说的“郊”、“燎”、“禘”一类重大祭祀仪式留下的遗迹；接着是1985年的两次讲座活动，先是在辽宁兴城讲座时提出“古文化古城古国”，阐述无论西辽河流域还是田野考古开展较早、工作基础较好的黄河中下游、长江中下游地区，中国最初的古城古国的形成都源于当地的古文化；一个月后在山西侯马召开的晋文化会上，先生进一步提出红山文化坛庙冢和玉龙凤等玉器，是红山文化与仰韶文化北南碰撞产生的文明火花，更具体称红山文化玉器中最具特征的勾云形玉器为“玉雕玫瑰”，寓意其造型有对仰韶文化玫瑰花卉纹因素的吸收，又考证出三北地区（即冀北、晋北、陕北与内蒙古中南部）是由仰韶文化典型器小口尖底瓶演变而来的三袋足器斝和鬲的发源地，后者被誉为“中华古文化标准化石”；而山西襄汾被视为陶唐氏（尧）都城的陶寺遗址，所出源自红山文化的朱绘龙纹陶盘，源自三北地区的斝鬲和来自良渚文化的玉琮、俎刀等，具有包含西北地区和东南地区多元文化因素的综合体性质。从仰韶文化与红山文化各自的标志物——彩陶玫瑰花卉纹与彩陶龙鳞纹和玉龙的“花（即华）与龙”的碰撞融合，到由四周向中原汇聚为“中”的“中国”观念形态和政治实体的形成，中国人现代民族意识里的“华人、龙的传人与中国人”，终于在距今五千年前后频繁的文化交流和在文化交流推动下各地先后跨入文明门槛的历史进程中找到了根脉，先生称这几个遗址点及贯穿其间的交流线路为中华民族总根系的“直根”。

所以进入90年代，先生提出从考古学重建古史的号召，已是水到渠成。为此，已步入高龄的先生仍身体力行，将考古寻根向前追溯到辽宁阜新查海遗址出土的距今八千年前后的玉器与河北张家口泥河湾在百万余年的地层发现的人工石制品。查海与此后内蒙古敖汉旗兴隆洼遗址所出玉玦和玉匕形器，一律以透闪石软玉为料，精工磨制，其选料与制作的专业化和使用的专门化，反映当时社会分工已导致社会分化；泥河湾遗址的石器则与北京周口店旧石器时代早期遗址出土石器的特征相同，具有中国和东方旧石器时代特有的“以向背面加工的石片石器为主体的小石器传统”，据此先生将中国历史的基本国情归纳为：“超百万年的文化根系，上万年的文明起步，五千年的古国，两千年的中华一统实体”；将中华文明起源和国家的形成过程概括为“三部曲”即古国—方国—帝国。“古国”指距今五千年前后以古文化为基础产生的诸多古城古国，在个性充分发展的同时又在频繁交汇中向一起汇聚，是为“共识的中国”；“方国”指夏商周三代，为包括夏商周王朝在内的诸多方国林立的形势，《诗经》所载“溥天之下，莫非王土；率土之滨，莫非王臣”的周王室天下观尚有待实现，是为“理想的中国”；只有到了秦汉时期，才建立起统一多民族的大帝国，是为“现实的中国”。又将文明起源的考察范围延续到秦汉以后北方诸民族直至满族的开国史，从而在“三部曲”之后又提出国家形成“三模式”即“原生型”、“次生型”与“续生型”的概念。“原生型”见于北方地区，因为北方在近万年已出现社会分工到社会分化，文明起源进程先走一步；以中原为“次生型”，因为中原是在四周主要是北方和东南方推导下，经历从洪水到治水等外力因素进入文明社会的；先秦以后的北方草原地区为“续生型”，因为这些北方民族的国家形成过程也大都经历过古国—方国—帝国这三个阶段。以上所论见于本书收入的三篇重建古史和《迎接中国考古学的新世纪》

等文章中。1994年先生应邀为“海峡两岸历史与考古整合会议”撰写的《国家起源与民族文化传统》提纲中，更进一步将“民族文化传统”提到特别突出的地位，与国家起源即文明起源一起列为国史的核心。

以考古复原中国上古史这一几代学人探索不息的重大课题，虽然是由20世纪80年代以来一系列重要考古发现引发的，但苏秉琦先生在不到十年的短短时间里迅速加以完善并不断提炼和升华，却是他长期甚至可以说是毕其一生学术积累和思考的结晶。正如《考古寻根记》一文开头所说，这是“中国考古学者经过半个多世纪的努力”取得的成果。

谈到半个多纪以来的中国考古学的发展进程，如许多学科一样，考古学也不是一帆风顺，而是在曲折中前进的。苏先生在论著中经常有对这方面的回顾和反思。其中谈的较多的，是历史学和考古学普遍存在的两种倾向：一是用社会发展史代替全部历史，把丰富多彩的历史简单化，一是以中原为中心、汉族为中心、王朝为中心的大一统观看待在中华广阔区域活动的多民族创造的历史。这两种倾向根深蒂固，对学科的发展影响大、延续时间长，苏先生称之为两个“怪圈”。为绕出这两个怪圈，先生坚持紧紧立足考古实践，又不懈进行理论探索，同时在方法论上时有创新。

其实，早在20世纪三四十年代苏秉琦先生主持陕西宝鸡斗鸡台先秦墓葬发掘和他的考古类型学奠基之作《瓦鬲的研究》中，就有了商周秦不同源、各有发展脉络的想法。50年代初在西安附近考古调查报告中提出关中地区有别于其以东的河南后冈三迭层的文化一（仰韶文化）、文化二（相当于龙山文化）和文化三（周文化），将洛阳中州路两周时期墓葬在分期基础上进行社会变革的分析，都是这方面的尝试，不过真正“解悟”是此后对仰韶文化的研究。

在50年代末，仰韶文化是史前文化中发掘面积最大、材料积累最为丰富、讨论也最多的考古学文化，也是苏先生选择的重点实践对象。当时受大跃进形势波及，考古界有对陶器分类排比“见物不见人”的批判。先生于逆境中仍坚持类型学研究，在陕西华县泉护村等遗址纷繁庞杂的诸多内含中，选择特征鲜明、变化幅度大、节奏快、序列完整的小口尖底瓶，彩陶中的蔷薇科和菊科花卉、鱼和鸟图案等三类共六种文化因素，进行综合的层位、类型学的排比，比较的结果是揭示出一幅动态的史前画卷：统一的仰韶文化可以划分为半坡和庙底沟类型，这两种类型既独立发展，各有自身特征、发展道路和渊源，又有相近的前后发展阶段和相同的分布中心地域，相互又紧密依存，是为史前时期活动在以华山脚下为核心的八百里秦川内外的两个平行发展的人们共同体；还分析出仰韶文化后期已出现氏族制由上升走向瓦解的大量因素和中心区东部发展快于西部的不平衡性现象。这就是苏先生那篇著名的《关于仰韶文化的若干问题》写作的背景和主要内容。收入本书的《中国考古学从初创到开拓》、《给青年人的话》、《从"瓦罐排队"谈起》对此都有论及。

这是不同于以往对考古文化遗存总停留在静态的定性描述，而是运用唯物辩证法把仰韶文化作为运动物质对待，进行定性定量分析，研究成果由具体的陶器和花纹的演变规律，深入到社会、人群活动与相互关系，从而得出历史唯物主义的解释，达到了"由物见人"的目的。由此先生领悟到，对辩证唯物论与历史唯物论的方法需要做深层理解，历史唯物论和历史科学的各专门学科理论并不属于同一层次，马克思主义哲学也不能直接回答研究中国考古学的方法论问题。把马克思主义经典作家论证关于社会发展史的有关章节、词句、论点和自己的研究论著镶嵌在一起的"生搬"不行；学习苏联初期经验，把考古学简单理解为物质文化史的"硬套"也不行。具体问题还得具体分析。结论只有一个：走自己的路，要在马克思主义指导下，创建本学科自己的理论和有中国特色的中国考古学体系。

从此，苏先生将考古实践与理论结合的探索推向全国范围。随着七八十年代各地考古调查、发掘和研究的开展，先生的足迹也踏遍大江南北和长城内外，先后对山东大汶口、龙山，广东石峡、江西印纹陶文化，江浙地区的河姆渡、马家浜、崧泽、良渚等史前文化，燕山南北地区的红山文化、小河沿化和夏家店下层文化，以及江淮地区、内蒙河套地区、甘青地区、四川古文化进行实地考察。并于80年代初正式提出考古学文化区系类型理论。

区是块块，系是条条，中国人口密集地区以新石器时代为主可以分为六个大区，但这一理论远不限于分区，其实质是在考古文化区划分和建立各自发展序列的前提下，揭示出各文化区的发展阶段、发展水平大致同步，又有先有后，相互交流，又有主有次。中原以外地区先走一步，或较早产生先进因素的情况屡见不鲜。各区域的交流经常不是由中原向四周放射而是由四周向中原汇聚，这一文化发展态势和关系的导向，既见于史前和青铜时代，也见于先秦以后。这与以往以中原为中心，以王朝为中心，以汉族为中心的传统史学观有很大的不同，却反映出各地区、各民族共同为中华文化、中华民族和中华国家的形成发展做出的贡献。

由于这一理论是从几十年考古实践过程中归纳出来的，又适应了我国考古发现与研究由中原地区迅速向全国各地铺开的新形势和迫切需要回答的问题，所以一经提出，立即吸引了全国各地的考古工作者。在这一理论指导下各地考古工作的发展明显加速，直接导致的，就是从新石器时代晚期开始酝酿发生的社会大变革，从物质到精神领域在各区域陆续被辨认出来，文明火花在中华大地处处闪现，如满天星斗，遂促成了中国文明起源讨论的持续开展，至今仍方兴未艾，先生的考古寻根和文明观也得以逐年完善。这已如前述。

中国考古学实践与理论的有机结合也为考古方法论的不断发展和创新提供了条件。对此，苏秉琦先生经常引用《庄子》中的两句话作比喻，一是“其大无外，其小无内”（《庄子·天下篇》：“至大无外，唯之大一，至小无内，唯之小一。”），一是《庄子·养生篇》中“庖丁解牛”的故事。前一句话是说，学科方法论上从微观入手，要做到如生物学那样的分子水平，到宏观思维如具中国特色的考古学理论的创建，这是衡量中国考古学是否成为真正科学的标准；后一句话是在比喻对中国古代历史文化的认识过程，目前已从“皆牛也”，认识到“无全牛”，要不断追求的目标是进入“游刃有余”的水平和境界。其实，这也是对苏秉琦先生本人学术历程和在掌握考古方法论上已达到得心应手的境界的形象比喻和真实写照。

写到这里要提到的是，考古界内外都熟知苏先生摸陶片的“功夫”。每到那时，陪同者总会被他的专心致志和观察事物的细微所吸引，但有时不免又感到有些神秘。对此，收入本书的《给青年人的话》一文中，先生回顾他整理斗鸡台发掘材料时“如痴似呆”摸瓦鬲的经历，用哲学的思辨，回答了大家的不解：“对于陶器，如果以为仅凭视觉观察到的印象可以代替手感的体验，那就错了。科学是以逻辑思维反映客观世界，艺术是以形象思维反映客观世界。根据我的实践体验，形象思维对于考古学研究的重要性决不下于逻辑思维，而手感对于形象思维的作用，决不是凭视觉得到的印象所能代替的。”

阅读苏秉琦先生的文章，还有一个很深的感触，是先生始终重视学科发展的社会背景及与现实的关系。这同先生强烈的社会责任感是分不开的。收入本书的《斗鸡台考古见闻录》一文，记录了青年时代的苏先生对社会底层的细微了解、同情和“复兴国家与民族”的忧国忧民情怀，故早已立志于将个人与学科的发展融为一体，与国家的命运紧密相连的信念。随着在理论指导下学科的健康发展，先生的这一信念也越来越坚定。考古学文化区系类型理论刚创建时，先生就提出这一理论的最终目标“是阐明把十亿中国人民凝聚到一起的中国文化体系的基础结构及其形成的过程”，从而为认识中华，加强全国各族人民的团结做出贡献。文明起源研究也不限于文明的标准和时间的讨论，其根本目的在于回答中华文明连绵不断的根本原因。在即将跨进21世纪时，先生提出“走向世界、面对未来”的学科发展方向，强调建设与五千年文明古国相称的现代化问题；从统一多民族国家形成看中华民族巨大的凝聚力、无穷的创造力和无限的生命力的民族精神和灵魂；中国考古学对当前面临的重建人类与自然界的关系也可提供完整的借鉴材料等。先生将这些思考和论述，归纳为古与今、中国与世界的“双接轨”，写入1997年出版的他的专著《中国文明起源新探》一书。

这里要特别提到，先生运用考古学文化区系类型理论方法研究中国与世界的关系，提出“区系的中国与区系的世界”和“人类文明一元性”这两个相辅相成的观点。从区系的中国看世界，是中国面向大陆和面向海洋的两大块，分别与世界的旧大陆和环太平洋的两大块相衔接；人类文明一元性，指地球是独一无二的，世界各个国家、民族，差别虽然多种多样，但发展阶段大致同步，发展道路有相近一面，同时相互交流，并不是封闭的。收入本书的《百万年连绵不断的中华文化——苏秉琦谈考古学的中国梦》一文的结尾也说到：“中国的历史、世界的历史都告诉我们，人类必将对‘地球村’的过去和未来取得共识，现实世界必将走向‘大同’！”这篇访谈录刊于1997年7月香港《明报月刊》，是苏先生最后一篇著作，所以，“人类文明一元性”可视为先生最后的学术思考。

先生在晚年常常说道：“我的大半生的经历、成长过程和这门学科、这个事业是同步的。因此，我有一个信念，把我一生所学、所知、所得的一切公之于世，这是我的职责。”先生重视考古的大众化，更强调大众化与科学化的辩证关系。《大家小书》面向普通读者，通过这个平台把先生的学术成就与大众共享，会使读者对考古学有更多了解，对考古学重建的中国古史及其在世界历史上的地位，对考古学在现实与未来的作用，有更深入的思考与讨论，这也是苏秉琦先生为考古学科奋斗一生的最终心愿。

2019年6月写于英国白金汉郡AMERSHAM图书馆

在昆明黑龙潭
1939年

高阳县仝和工厂的大门口
1933年

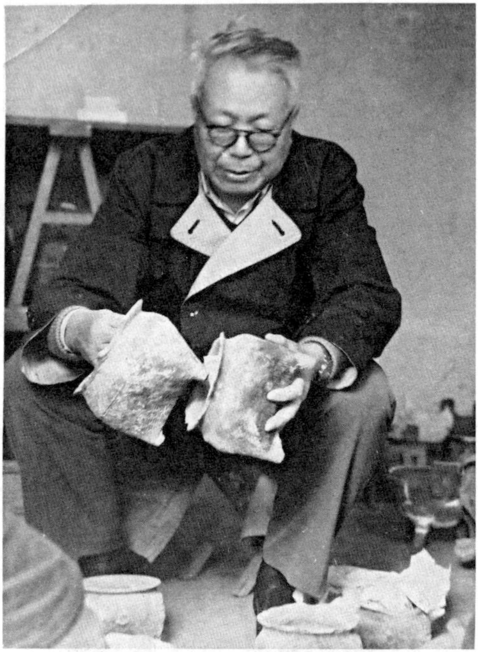

在侯马工作站工作

在琉璃河遗址
1983年11月

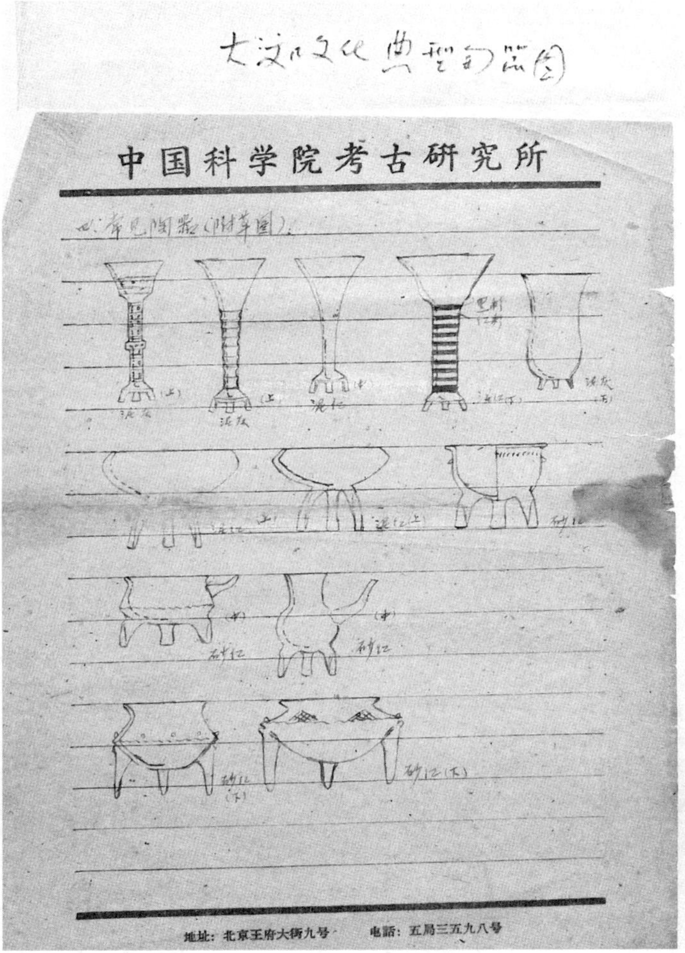

手绘图

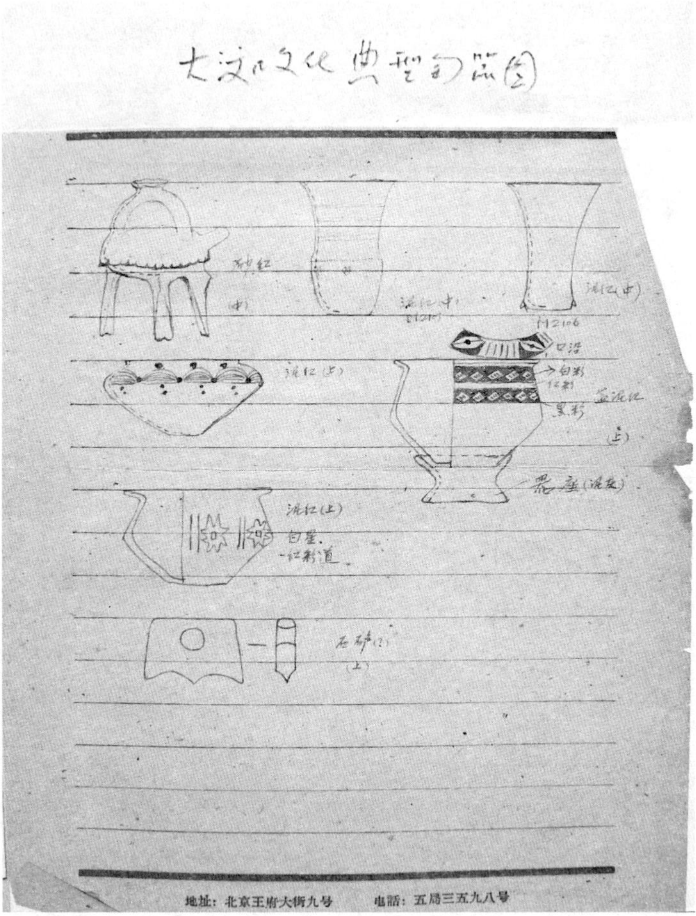

手绘图

目 录

“满天星斗”的中国史前文明

考古老兵给青年人的话

考古与中华文明杂记

『满天星斗』的中国史前文明

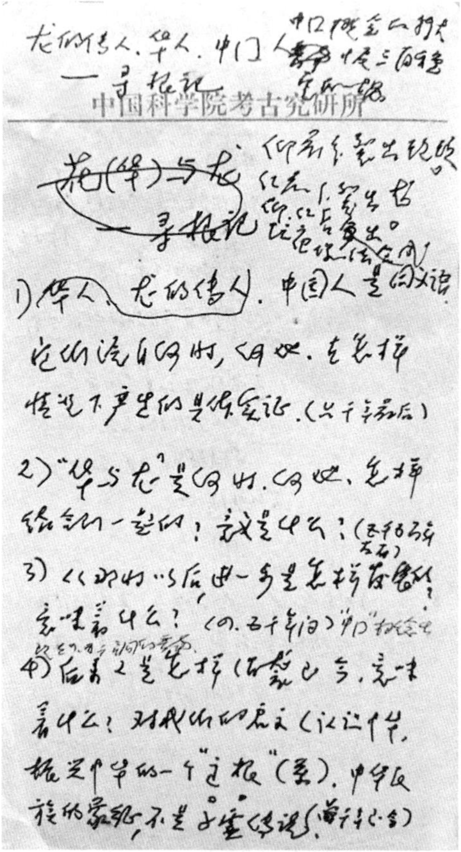

《华人·龙的传人·中国人——考古寻根记》
大纲手稿

华人·龙的传人·中国人
——考古寻根记

华（花）人，龙的传人，中国人的源、根从何而来，三者成为同义词从何说起？中国考古学者经过半个多世纪的努力，对于这问题总算已经找到解答的钥匙。

中国古文化有两个重要区系：一个是源于渭河流域的仰韶文化；一个是源于大凌河流域的红山文化。它们都有自己的根（祖先）、自己的标志。两者出现或形成的时间约当距今六七千年间，都是从自己的祖先衍生或裂变出来的。仰韶文化的一种标志是玫瑰花（包括枝、叶、蕾、冠或仅花冠）；而红山文化的一种标志是龙或仅龙鳞。

华（花）和龙最早分别出现在距今六七千年间的华山脚下和燕山之北，而两者的根（祖先）的成长时间则在当地距今七八千年间，产生的时间同步、条件相似，追根究底尽管我们不能说两者从开始就是“一家人”，但却可以承认这件事实本身意味着文明的曙光已经出现在东亚大陆了。

华（花）与龙的结合（距今五六千年间）

华山脚下的玫瑰与燕山以北的龙的中间对接点在桑干河上游（河北省、山西省北部）一带。

两者真正结合到一起的证据发现在大凌河上游的凌源、建平、喀左（辽宁省西部地区）一带，时间不晚于距今五千年间。那里近年发现的红山文化后期的祭坛、女神庙和积石冢群，含有玉雕猪龙、玉雕玫瑰、玫瑰图案彩陶筒座与彩陶盆的巧妙结合。玉雕猪龙放在男墓主人身上，彩陶玫瑰图案盆和筒座配置在积石冢四周。

红山文化的祭坛、女神庙和积石冢群等可以看作是以龙和华（花）为象征的两个不同文化传统的共同体结合到一起，从而迸发出文明“火花”。

仰韶文化彩陶盆的玫瑰花图案

历史的转折

距今五千年左右期间，中华古文明面临又一个历史的大转折。现在已摆在面前诸多迹象，如：青铜器的传布和文字的发明，篮纹陶器、三空足陶器、朱绘陶器的起源等等。

例如中国古文化中有一组奇妙的器皿：小口尖底瓶和三空足的鬲类。前者流行的时间约当距今七千至五千年前；后者流行的时间约当距今五千至两千四五百年间。商代甲骨文中也有一组和它们相应的象形字。在大青山下的河套地带和桑干河上游地带的考古发现，证明两者有过交错关系，可以论证它们之间的渊源关系。这给我们的启示是：第一，甲骨文有关的三个象形字代表了中国上古时代的三个时期（七千至五千年间，四千至五千年间和四千至两千年间）的特征器皿。第二，三个象形字的创造者只能是模仿他们亲眼看到、生活中实际使用的器物形态。因此，甲骨文实物虽出自晚期商代人们之手，它们却为我们留下中国文字初创时期的物证。

红山文化印纹、刻画纹猪龙图案

中国——观念形态与政治实体的形成

距今四五千年间，以晋南襄汾为中心的陶寺遗址为代表的一种古文化，人们使用大石磬与鳄鱼皮鼓随葬，反映社会发展到比红山文化更高的阶段。他们使用的具有明显特征的器物群，包括源于仰韶文化小口尖底瓶的斝，到真正鬲出现前的完整序列，源于红山文化的朱绘龙纹陶盘、源于长江下游太湖地区良渚文化的一种“∠”形石推刀，反映他们的文化面貌已具备从燕山以北到长江以南广大地域的综合体性质。

史书记载，夏代以前有尧舜禹，他们的活动中心在晋南一带。“中国”一词的出现也正在此时，所以称舜即位要“之（到）中国”。后人解释：“帝王所都为中，故曰中国。”

由此可见，“中国”一词最初指的是“晋南”一块地方，即“帝王所都”。而中原仰韶文化的“花”和北方红山文化的龙，甚至包括江南的古文化均相聚于此，这倒很像车辐聚于车毂，而不像光、热等向四周放射。这样，我们讲晋南一带的“中国”一词就把“华”、“龙”等都包揽到一处了。

中华一统概念从理想到现实

距今四至两千年间，经历夏商周三个王朝，又称“三代”，到秦统一。《史记》说："秦以兵灭六国，并中国。"这个"中国"不同于"五帝"时代和舜"之中国"的那个"中国"，已和我们现在说的"中国"从词义上讲没有不同了。这个转变过程怎样理解呢？可以用一句话概括：一统中国从理想到现实，就是距今四千至两千年间的整个历史发展过程。《诗经》"普天之下，莫非王土；率土之滨，莫非王臣"。这是夏、商、周三代的政治理想，把理想变为现实，是从三代至秦各国"逐鹿中原"的结果。从陶寺文化以来的"晋地"（指晋南）恰恰在"逐鹿中原"这个大政治漩涡的边缘，社会生活比较稳定，经济、文化比较发达。春秋时期有句谚语"楚材晋用"。近年考古发现，从距今四千年前到西周中叶，晋地的陶鬲一直是沿袭陶寺文化那种"斝鬲"的由筒腹结合三袋足的传统。这足以说明，对秦人的统一事业，晋人曾起过"铺垫"作用。小小的晋南一块地方曾保留远自七千年前到距今二千余年前的文化传统。可见这个"直根"在中华民族总根系中的重要地位。

（原载《中国建设》1987年第9期）

重建中国古史的远古时代

正像达尔文发现有机界的发展规律一样，马克思发现了人类历史的发展规律。

——恩格斯在马克思墓前的讲话，1883 年 3 月 17 日。

一

本卷是多卷本《中国通史》的有机组成部分，要求它从考古资料探索有文字记载以前的原始社会的状况。上起人类的原始，下与夏商周对接，涉及中国史前考古学及其相关学科研究对象的各方面，理论与实践相结合的诸课题。

近代考古学从19世纪后半算起，迄今不过一百几十年；我国近代考古学的兴起，刚半个多世纪。重建中国古史的远古时代是当代考古学者的重大使命。记得本世纪初年有的学者曾发出过要为恩格斯《家庭、私有制和国家的起源》一书写续篇的豪言壮语，使后学很受鼓舞。说实在的，按照当时的主客观条件，学科刚刚起步，缺乏资料的积累，要实现这一宏大的理想原是不现实的。现在不同了，我国考古学和相关的学科都已有了很大的发展，已经有用马克思主义指导研究史前考古和原始社会历史的一批成果，积累了一些经验。相信不需要多久，将会有人以马克思主义理论家的智慧和勇气，来弥补恩格斯在《起源》一书末尾所感到的遗憾[①]，真正完成一部中国的续篇；作者希望本书能够成为实现这一理想的一块铺路石。

二

中国的远古历史涉及到两个重大的理论问题，一是从猿到人，二是从氏族到国家。二者虽都是世界范围的课题，但都与中国远古历史密切相关。

自从1859年达尔文发表《物种起源》，明确提出人是从猿进化而来的，打破了上帝造人的神话；1884年，恩格斯发表《劳动

① 恩格斯写道："我最初打算引用散见于沙尔·博立叶著作中的对文明时代的卓越批判，同摩尔根和我自己对文明时代的批判并列，可惜我没有时间来做这个工作了。"（《马克思恩格斯选集》第四卷174页注，人民出版社，1972年。）

在从猿到人转变过程中的作用》，科学地论证了猿之所以能变成人的根本机制。从那以后，古人类学获得了长足的进展，其中包括中国境内一系列人类化石的发现及其研究成果。

1929年在北京周口店第一地点发现了著名的北京猿人。魏敦瑞在仔细地研究了大量北京猿人的化石后指出，其体质特征至少有12项与蒙古人种有联系，铲形门齿就是最显著的一项。现在中国境内发现的人类化石，无论是比北京猿人更早的元谋猿人（距今约175万年）和兰田猿人，还是大体同时乃至更晚的早期智人与晚期智人化石，无一例外都是铲形门齿。在新石器时代和现代中国人的标本中，铲形门齿占有极高的比率，高于其他任何种族。其他许多体征也有类似的现象。吴汝康在概括地比较了这些特征上的相似性以后写道：

> 上述这些在现代蒙古人种中出现率特高的性状，在中国发现的直立人直到晚期智人中都经常出现。显示它们与黄种人和现代中国人之间存在着连续性，有着亲缘上的继承关系。自然，在这漫长的人类发展过程中，必然也与其邻近地区不断有基因的交流。[①]

---

① 吴汝康：《古人类学》206页，文物出版社，1989年。

所谓发展的连续性或亲缘的继承关系，换一个说法就是中国和邻近地区在人类发展史上存在着一个独特的体系，不像是从其他地方的某种远古人类派生出来的。这一体系能不能再往前追溯呢？人们注意到在印度、巴基斯坦和我国云南发现过一种较接近人类的腊马古猿，但欧洲东南部和东非也发现过。最近云南又发现禄丰古猿，吴汝康认为它“可能是接近于非洲大猿和人科成员的共同祖先的类型”。既然中国存在着接近于人类的古猿化石，又有很早的直立人化石发现，以后的发展更是自成体系，可见中国在人类起源及其发展的问题的研究方面处于十分重要的地位，只是要彻底究明这个问题还需要做许多工作罢了。

有了人类，就开始有了人类的文化。正如中国的远古人类化石有其自成体系的特征，而且表现得更为鲜明一些。为纪念北京猿人发现六十周年而编的一部综合性著作《中国远古人类》的前言中有如下的一段话：

> 多年积累的旧石器材料，已使我们认识到，虽然在不同时期存在反映区域特点的文化，但以向背面加工的小石器为主的组群，分布于我国南北方的各个文化发展阶段，成为我国颇具特色的旧石器文化发展的主体，使华北是否

存在两个平行发展的文化传统、我国南北方旧石器文化的异同的趋势等问题的讨论成为可能。①

这些话很好地表述了中国六十余年来旧石器时代考古的主要成果。一是中国旧石器文化发展的基本特征是“以向背面加工的小石器为主的组群”，二是“华北地区两个平行发展的文化传统”现象，表明中国旧石器文化传统问题的研究与古人类化石传统问题的研究相互照应。这是一个良好的开端，并且为今后的研究打下了一个扎实的基础。

中国旧石器时代的人类化石和物质文化的发展，既有明显的阶段性，又有不平衡的现象。拿人类化石来说，从早到晚，属直立人的有元谋人、兰田人、北京人、和县人、郧县人、郧西人等，属早期智人的有马坝人、大荔人、长阳人、许家窑人、丁村人等，属晚期智人的有柳江人、资阳人、山顶洞人、河套人等。可以说我国人类化石代表了人类体质发展的所有阶段和全过程，而且还有一些过渡形态。辽宁营口金牛山人的地质年代应为更新世中期，此时一般是直立人生活的年代，而金牛山人虽有一些直立人特征，大部分却与早期智人相像，应是

① 《中国远古人类》，科学出版社，1989年。

体质特征进化最快的一个代表。

中国的旧石器文化大体可分早中晚三期，分别与直立人、早期智人和晚期智人相照应，但各地发展道路有所不同。华北的所谓周口店第一地点——峙峪系面，是出现小石器最早的。辽宁海城小孤山有很好的骨器，其中有带鼻的骨针，与北京山顶洞人的骨针媲美，而年代却比山顶洞早许多，说明当时文化的发展是不平衡的。

旧石器时代的人类生产力水平低下，活动范围有限。但由于时间长，有些文化因素也可以在不知不觉中传播到很远的地方。例如四川一般不出细石器，而那里的富林文化却有大量北方风格的细石器，这显然是文化传播的结果。由于中国东北的旧石器文化有时表现得比较先进（如金牛山人和小孤山文化），对周围的影响自然会比较大些，例如朝鲜和日本的旧石器文化就曾受到中国东北旧石器文化的影响，甚至有人类迁移过去。

三

中国的新石器文化是从中国的旧石器文化发展而来的。如果说中国旧石器文化富有特色，自成体系，那么中国新石器文化也是这样，只不过内容更加丰富，谱系更加繁复罢了。

整个新石器时代及以后铜石并用时代的历史，都涉及到前述的第二个重大理论问题，即在中国境内是如何从氏族发展到国家的。在此我们想从四个方面略述当前的研究成果，即农业的发生与发展，社会的分工与分化，区系的组合与重组，以及历史的传说与真实，它们也是本卷有关章节的梗概。

农业的发生是人类历史上划时代的重大事件，当然也是中国历史上的重大事件。在全世界少数几个农业起源中心中，中国独居其上。中国的农业以精耕细作为其特色，这在远古时代便已露其端倪。

我国古籍中有不少关于农业起源的传说，有的说是神农发明了农业，有的说是烈山氏（或厉山氏）或炎帝之子名柱的发明了农业，周人相信是他们的祖先弃发明了农业，《史记·五帝本纪》则说黄帝“时播百谷草木，淳化鸟兽虫蛾”，看来黄帝又成了农业的发明者。说法虽不一致，总之都是中国人自己的祖先发明了农业，而不是从外界学习来的。

研究栽培作物起源的先驱德康多尔和瓦维诺夫都认为中国北方是粟和黍的起源地，何炳棣更系统地论证了中原是粟、黍等旱地作物起源的核心地区。近年来的一系列考古发现证明这些学者是很有见地的。

大约在公元前6500年至前5000年，中国北方已出现一系列发达的新石器文化，其中有不少遗址发现了栽培谷物的遗存。如河北武安磁山遗址有许多窖穴中发现粮食朽炭，经灰象鉴定是粟；河南新郑裴李岗、辽宁沈阳新乐和甘肃秦安大地湾都发现了炭化的黍，后一处还发现了油菜籽。这些遗址所属的新石器文化，都有比较发达的农业工具，其中又以磁山文化所在的中原地区最为发达。由此可见中国北方农业的起源还可以追溯到更早的年代，而中原应是旱地农业起源的核心地区。

广义的中原大体相当于黄河中下游，这里属暖温带半干旱季风气候，年雨量约500—800毫米，集中于夏季高温的七八月份，春秋冬三季都很干旱，且冬季严寒，1月平均气温比地球上同纬度的其他地区低10℃以上。这个地区普遍存在的黄土持水和保肥能力都比较低，但有较好的毛细作用。这两个条件制约了农业起源过程中选择驯化作物品种的方向，即对肥水要求不高，在幼苗期特别能耐旱而在速生期需要高温多雨的作物。粟和黍正是符合这些条件的作物，它们在中原又有大量的野生祖本。在当地史前文化发展到一定阶段时，人们自然选择了这两种作物进行培植。而且在整个史前时期，二者都是华北地区的主要农作物。

许多人认为中国南方应是稻作农业起源地之一，但具体范围说法不一。有的主张起源于南岭以南的两广地区，有的主张起源于云南和印度支那北部山地或云南—阿萨姆地区，有的则主张起源于长江中下游，越来越多的考古发现证明后一种说法是最接近历史实际的。

近年来在长江中游发现了一系列大约相当于新石器时代中期的遗址，分别称为城背溪文化和彭头山文化，其年代约当公元前7000年至前5000年。在这两个文化的遗址中，已不止一次地发现了稻谷遗存，有的是用稻壳掺在泥土中抹墙壁，有的是用稻壳碎末掺在泥土中做陶器。往后在长江中游的大溪文化和长江下游的河姆渡文化与马家浜文化中，这种做法更为普遍，已成为当地的一种文化传统。同属于长江水系的陕西汉中盆地亦发现有较早的稻谷遗存，分别出于西乡李家村和何家湾遗址，属老官台文化，年代约为公元前6000年至前5000年。所有这些稻谷遗存的年代都远远早于中国其他地区发现的稻谷遗存，也早于一般认为可能是稻作农业发源地的印度恒河流域和东南亚山地所发现的稻谷遗存，所以长江中下游应是稻作农业起源的一个重要的中心。

稻米有两个基本亚种，一个是籼稻，或称印度稻，一个是粳稻，或称日本稻。现已查明粳稻起源于中国，日本的稻谷是从中国传播过去的，所以有的学者建议将日本稻改称为中国稻。一般认为，粳稻是从籼稻演化出来的，而籼稻的野生祖本是普通野生稻。我国普通野生稻最集中的分布在广东、广西和海南岛，长江流域只发现少数几处。为什么长江中下游在稻作农业的起源和早期发展中的地位反而比华南重要得多呢？因为华南大部分处于北回归线以南，气候炎热，几乎全年无冬，雨量充足，天然食物资源十分丰富。尽管野生稻到处都有，但因为收获和加工都很麻烦，比起其他食物来也不见得特别好吃，所以人们不一定采集它。即使发现了它的食用价值，因为到处都可以采集到，就不一定考虑进行人工栽培。即使偶尔种植了一些，也没有迫切地需要把它发展成一种继续不断的稻作农业。长江流域就不同了，那里有较长而寒冷的冬季，迫切需要有能够长期储藏以备冬天之需的食物。人们一旦发现野生稻的农用价值和能够长期储藏的优点，自然会加意培植并设法扩大再生产。何况长江流域史前文化比较发达，人口较多而野生稻资源又少，就更有进行人工栽培的必要性和迫切性。这可以解释为什么恰巧在长江中下游发现最古老和最发达的稻谷遗存而不是在别的地方，从而为稻作农业起源于长江中下游找到了事实的根据和理论上的说明。

由于在我国有两个而不是一个农业起源中心，往后的发展又都各具特色，从而在史前时期就形成了南北两大农业经济文化区和两种农业体系。

以中原地区为核心的华北旱地农业经济文化区一直是以粟作农业为主的，那里首先培育了粟和黍，可能还有大豆，园艺菜蔬有油菜、芥菜或白菜，经济作物有大麻等。养畜业是以与农业紧密结合的形式出现的。先后饲养的家畜有猪、狗、黄牛、山羊、绵羊、猫等，家禽有鸡。以猪的数量为最多，其他几类都很少。本区的农具主要有翻地的石铲，收割用的镰和爪镰以及谷物加工用的石磨盘和石磨棒。

本区农业大体经历了以下几个阶段：

一、磁山文化时期：已有一系列农村，但规模较小；种植谷物有粟和黍，饲养家畜家禽有猪、狗、鸡；翻地用农具主要是舌形石铲，收割用农具主要是石镰，其中不少是有齿石镰；谷物加工工具主要是大型石磨盘和石磨棒，磁山文化中有乳状足的鞋底形石磨盘，是这个阶段的代表性器物。

二、仰韶文化时期：农业村落遗址显著增多，规模扩大。种植谷物除粟、黍外，还从南方引进了水稻。饲养家畜中增加了少量绵羊、山羊和黄牛。翻地用农具仍是石铲，但形态明显地复杂化了，有舌形、心形、梯形、双肩形和鞋底形等，后者主要分布于燕山及其以北的红山文化范围内，有人称之为耜或犁。收割用农具大量增加，但形态一变为两侧带缺口的或长方形的爪镰。石磨盘和石磨棒显著减少，且个体变小，也许这时随稻谷的引进而将加工稻谷的杵臼同时引入华北，部分地代替了磨盘和磨棒的功能。

三、龙山文化时期：此时作物种类和家畜品种虽无多大变化，农具却有明显的进步。翻地农具已规范化为梯形或有肩石铲，后者实为商代青铜铲的祖型。收割用农具主要是石质或蚌质的镰和爪镰，且全为磨割，质量较差的陶质或打制石爪镰都被淘汰了。用碳13方法测定古代人的食谱，得知仰韶文化时期粟、黍类食物只占50%，龙山文化时期则为70%，说明此时粟作农业得到了进一步的发展。

以长江中下游为核心的华中、华南水田农业经济文化区一直以稻作农业为主，后来从北方引种了部分旱地作物（多在缺水的丘陵地区）。这个地区的家畜家禽主要是猪、狗、水牛和鸡，后来又从北方引进了羊。农具中多骨铲或石铲（或臼锹），用以平整水田，后来出现了石犁和破土器等。由于稻谷可直接用手采集，故收割农具不发达。加工粮食则主要用杵和臼。

本区农业也经历了类似华北农业发展的几个阶段：

一、彭头山文化—河姆渡文化时期：农村多在河湖边或沼泽地，种稻，养猪、狗和水牛。用骨铲整治水田，很少见收割用农具，加工粮食用杵臼。

二、大溪文化—马家浜文化时期：农村遗址显著增加，规模扩大。许多地方已用石铲代替骨铲整治田地。

三、石家河文化—良渚文化时期：农业有较大发展，除种稻外，有的地方从北方引种了粟、黍等旱地作物作为补充。已会养蚕缫丝织绸，家畜中大约从北方引来了羊。农具因地区不同而有较大差异，江浙良渚文化中出现了三角形石犁，广东石峡文化则有石䦆和石铲等，收割用农具中出现了少量石镰和爪镰。

以上两大农业区的两种农业体系并不是彼此孤立，而是互有影响乃至在发展过程中发生互补等复杂情况。这样一种既有区别又有联系的农业格局，一直影响到整个历史时期。并且对邻近国家的农业产生了深远的影响。

四

生产力的发展，表现为如下两个方面：其一，出现新的劳动领域，扩大了劳动门类或职业的范围；其二，更新技术，提高效益，生产向纵深发展。两者彼此联系，结果是出现和发展了社会劳动分工及其日益专业化。

本卷涉及的时代中的农业技术的更新，和家务劳动范围的扩大，最终导致男子占据了农业生产领域，妇女成了基本上司家务的劳动力。这是一个渐变而又复杂的过程。约在公元前四千纪前期大汶口文化刘林期的大墩子墓地见到的情况，表明这一过程已步入质变阶段。这里的男性墓才用镞、鱼镖一类渔猎工具随葬，纺轮基本上只见于妇女墓葬中；妇女也用斧、锛随葬，但比例上却少于男子。同时，铲、凿只见于男性墓，而且，仅在男性墓中才见到斧、锛、凿这样成套的石质工具。M4和M32两座成年男性墓，在随葬斧、锛、凿同时，还随葬了碎石片、牙料及较多的骨、牙制品，形象地说明死者生前是手工业匠人。至公元前三千纪后半期齐家文化的柳湾墓地，石刀、石斧、石锛、石凿及石钻和纺轮，分别成了男、女各自的专用随葬品。手工业匠人从最初只在男子中出现，就规定了手工业的发展与分工只是男性展现才能的专门领域。

在农、工之间及手工业内部分工过程中的诸阶段的墓葬，凡使用锛，凿随葬的男性，往往同时也随葬了刀、铲这类农业工具，表明手工业匠人还同时是农人。这反映了当时农、工与手工业内部分工还处在较低水平。同时，在家族、氏族仍是维系人们的社会组织的情况下，手工业分工往往表现为家族，甚至氏族之间的劳动分工。

制陶业始终是新石器时代的一种重要的手工业。在技术上，它先后经历贴塑、泥条盘筑及慢轮加工之后，于公元前四千纪前期后段，已在陕西华县泉护村一期文化的晚期遗存中见到了快轮制品。快轮制陶技术经历一逐步发展过程，至龙山时代才在黄河及长江流域普遍推广开来。不过，即使在这一时期的黄河流域，从它的下游到中、上游，这一技术推广及发展程度，也存在逐步递减而显得颇不平衡的情形。

快轮制陶技术的产生，是史前工业技术革命步入一重要阶段的标志。在此之前，黄河流域的半坡文化及庙底沟文化的陶窑，往往是成群分布的。而随着轮制技术的发展，制陶组织或单位愈益缩小。兰州徐家坪包含十二座窑址的马厂文化窑场，从其被分割成四个由不等数量的陶窑组成的单元来看，当认为这一窑场分属于四个制陶组织，同时，其制陶规模也存在差别。自公元前三千纪前期后段之后，在自陇东以东的黄河流域诸考古学文化的陶窑，一是窑室的容量扩大，二是以遗址为单位来看，陶窑的数量减少了，而且，它们往往呈零散分布。例如，经过大规模发掘的客省庄及三里桥遗址，分别只见到三座和一座陶窑。而且，在客省庄文化中，见到了陶窑成了一房屋附属物的现象。随着技术的发展，制陶日益专业化，同时，陶器成了交换中的重要商品。

随着使用快轮制陶之后，制石工艺获得了新的发展，同时，出现了制玉和金属制造两种专业。

制石工艺的进步，表现在两个方面，一是使我们见到了日益增多的那种棱角锐利、体型扁簿且整体抛光的石制品，二是单面穿孔技术的出现并逐步地推广开来。制石成了需经专门训练才能掌握其技能的职业。

据至今见到的考古资料，可知住居在燕山南北及长江流域的先民，较其他地区的居民更早地从石头中辨识出美石（玉），加工成装饰品，随后在这两地区的历史进程中，一直保持生产和使用玉的传统，并使之发展，至迟在公元前三、四千纪之交的红山文化和公元前三千纪中期开始的良渚文化，分别出现以猪龙或以琮璧为中心的玉礼器系统。在此之前，制玉和制石两类工艺混杂不分，至玉礼器出现起，一是因为两类工艺要求原本应有所区别，二是由于玉礼器工艺水平要求超过制石，故出现了从制石人中分化出专门从事制玉的工匠。

红山文化和良渚文化是我国史前时代两个玉文化中心，对其他地区产生过不同程度的影响。一是从影响面及影响的深远意义来看，良渚文化超过了红山文化，二是尽管在山西及内蒙中南部见到导源于良渚文化的影响，然而从迄今的材料看，受良渚文化的玉文化影响最直接且有相当深度的则是黄河下游及淮河流域，至于长江下游和长江中、上游的关系，至良渚文化时期，虽可见后者受前者的影响，但从整个玉文化的相互关系来看，则比较复杂，至今尚难窥其端倪。由于玉文化发展的不平衡性，对其他地区出现玉匠的先后，以及是否产生过独立的玉匠问题，当作具体分析。目前的资料情况，使我们对此难以探讨。

见于林家马家窑文化的经过冶炼并由合范浇铸而成的青铜刀子、源涡镇的铜炼渣和红山文化的冶炼遗存及铜制品，说明至迟在公元前三千纪初期，我国已掌握了冶炼浇铸铜器的技术，至龙山时期，制铜技术获得了进一步发展和推广。从获取矿石，经冶炼到铸造铜器的生产，是一有组织的协作劳动、十分复杂的工艺过程。这一工艺的出现，使手工业分工获得进一步发展，是继快轮制陶之后又一次具有时代性的工业革命，在随后的中国历史发展中将看到由它引起的社会变革，较快轮制陶更加深刻。

在以农业为基础经济的史前社会，手工业发展规模和程度，最终取决于农业为其可能提供的剩余劳动的状况，同时，它在规模和速度两方面增强了人类聚集财富的能力。除了由于它的存在直接产生的社会分工与分化外，还要求产生管理人员和沟通社会各部门生产的交换人员。然而，史前社会分工与分化并未仅在生产领域中停步，基本上与上述社会生产领域分工与分化同时，又产生了巫师与军事领袖。

早已发生的宗教，至公元前三、四千纪之交，已发展到一定规模。红山文化的坛，庙、冢和仰韶时代晚期大地湾F411带有地画的大房子这类宗教性建筑，已表明存在较复杂的宗教礼仪。与之相适应，当已存在某种形式的巫师。巫师是宗教发展到一定阶段的产物，从为宗教礼仪由选举产生的临时性“业余”巫师到专业巫师是一个历史过程。至公元前三千纪中期，宗教得到进一步发展，产生了质的变化。如不计富河文化卜骨的话，甘肃灵台桥村发现的当是属于这时期的迄今见到的最早的卜骨，大汶口文化的用于祭祀的带有符号的陶尊，以及良渚文化带有墓葬的祭坛，应是宗教已步入一新阶段的标志。

瑶山良渚文化祭坛具有下列值得注意的现象：

1. 建筑于瑶山山顶，自内而外是用红灰和黄褐色斑土铺垫而成。附近无同时期的居住遗迹。

2. 祭坛南半部有东一西成行的南、北两列墓葬，墓列分布范围与祭坛面积基本一致。

3. 墓葬大小及随葬品数量有别，却都以随葬玉器为主。当不是这文化的普通墓葬。

4. 玉琮、玉（石）钺只见于南列诸墓，玉璜及纺轮仅见于北列墓葬。推测南列诸墓主人为男性，北列为女性。

男觋女巫脱离所在群体葬地，集中葬于祭坛，是巫师阶层已形成才可能出现的现象。女巫一般无琮，说明男觋地位一般高于女巫。这里琮、钺共为一人的随葬物的现象，和陶寺M3015墓主人同时随葬钺和礼乐器的情况，一致显示神、军权集于一人的事实。福泉山T23M2有琮无钺，以及同地的T27M2钺、纺轮共存而无琮的现象，从另一方面说明当时掌握了神权的人，并不一定都握军权，和某些女性亦能执掌军权。

至此，史前时代社会的分工与分化，已具基本规模。然而，史前的变革并未到此止步，但往后的分工与分化的历程，只是已形成的这一层面的延伸、发展和深化。

五

早在旧石器时代，我国北方和南方的文化特征就有所不同；同在北方，也有所谓周口店第一地点—峙峪系和匼河—丁村系的区别。不过由于各地考古发现的不平衡，这种区系的划分难于准确和取得一致认识。到新石器时代农业发生后，由于自然地理环境的不同形成了三个巨大的经济文化区。即华中、华南的水田稻作农业经济文化区，华北和东北南部的旱地粟作农业经济文化区，东北北部、内蒙古高原、新疆和青藏高原的狩猎采集经济文化区，这是文化区系的第一次重新组合。

大约在公元前6500年至前5000年期间，即相当于磁山文化的时期，在三大经济文化区的基础上逐渐形成了若干地区性的考古学文化。地处中原的河南和河北南部有磁山文化或称磁山—裴李岗文化，陕西和甘肃东部有老官台文化，山东有北辛文化，北京地区有上宅文化，内蒙东南和辽西有兴隆洼文化，沈阳地区有新乐下层文化，位于长江流域的湖北有城背溪文化，湖南有彭头山文化等。

由于农业的继续发展和人口增殖的加速，到了公元前第四千纪，在一些地区形成了移民垦荒的浪潮，从而引起了考古学文化的大传播以及不同文化间的接触、影响与融合。这种现象在甘肃表现得特别明显。那里老官台文化和仰韶文化半坡期的西界仅到天水附近，到庙底沟期便大举西进到甘青边界，马家窑期继续西进到武威，马厂期更到达河西走廊西端的走廊，再往后的四坝文化已分布到新疆的东界。内蒙古中南部也有类似的情况，那里因为纬度较高（甘肃是因为地势较高），因而气温较低，雨量也相对较少，早期农业没有传播到这个地区。到仰韶文化的半坡期已有少量农人沿黄河和汾河河谷北上垦荒，到庙底沟期就有更多的农人涌入河套地区，因而在那里出现了一系列与晋、陕庙底沟期遗存十分相似的遗址。在渤海湾，一些大汶口文化和龙山文化的农人从山东半岛先后渡海移居到辽东半岛，把山东的史前文化传播到渤海北岸。东南沿海史前文化的发展也有类似的情况。至于长江流域本来就有较发达的文化，在公元前第四千纪当地新石器时代的农业又有进一步的发展，并且与黄河流域发生密切的文化交流。上述情况使考古学文化分布图发生了变化，这是文化区系的第二次重新组合。

大约在公元前第四千纪，各地前后进入龙山时代，此时手工业有了显著的发展。一是铜器的发明，使神州大地上第一次出现了冶金；二是快轮制陶技术的发明，不但提高了生产率，而且使制作蛋壳黑陶那样精致的器物成为可能；三是养蚕缫丝和丝织品的出现；四是玉器工艺的大发展。此外还有漆器工业和建筑业的进步，如普遍使用石灰、土坯和夯筑技术等，所有这些都需要熟练掌握技术的匠人。一种新技术出现后必定有一个推广的过程，这种推广的过程必定伴随着一些匠人的流动和相关文化因素的传播。再者，这些手工业产品既然不是每一个人甚至也不是每一个公社都能制造的，因而必然会出现较经常的商业交换；有些人不满足于一般性商业交换，干脆用武力去掠夺，所以这使武器有较大的改进，也出现了城墙等防御工事。战争固然会造成破坏，但客观上也可能促进文化的传播。这是一个大动荡大改组的时期，考古学文化分布的地图又发生了变化，这是文化区系的第三次重新组合。当战争的机器进一步发展，征服的地方越来越多，社会向两极分化，文化区系又将重新组合，那已是文明时代的事情了。

六

在我国古籍中有许多关于远古时代的传说，过去有不少学者进行过研究，徐旭生和童书业先生等还曾进行过系统整理。不过那时史前考古学尚未充分发展起来，无法同考古资料进行比照。有一些作者想用考古资料印证传说，又往往牵强附会。现在史前考古已有了长足的发展，本身就可以大体复原远古时代的漫长历史，传说资料反而只起参照的作用。若以整理传说史料本身来说，史前考古资料则已成为不可忽视的最可靠的参照系。

古代有所谓三皇五帝之说，但具体哪是三皇哪是五帝，则往往有不同的说法。要之三皇或类似三皇的说法应属后人对荒远古代的一种推想，并非真实历史的传说。而五帝则可能实有其人其事，所以司马迁著《史记》时径直从《五帝本纪》开始，而于五帝以前的历史则只字不提。

五帝说大约形成于战国时期，但各家所说不尽相同。《史记》以黄帝、帝颛顼、帝喾、帝尧、帝舜为五帝，也许是司马迁认为这几个人的事迹比较可信。其实在别的古书上还有许多帝，也不见得都是虚构。例如黄帝就是打败了炎帝和蚩尤之后声名才显赫起来的。起码当时还有一个炎帝。只是后来人用千古一系的思想整理古史，把本来比较复杂的情况简单化了。

五帝的时代究竟相当于考古学上的哪个时代，现在虽然还无法论定，但也不是毫无边际。以往在仰韶文化发现之初，不少学者以为它就是夏文化，后来觉得仰韶年代太早，又提出龙山文化就是夏文化的意见，现在也还有一些学者保持这一看法。不过从有关夏纪年的各种说法与碳14年代的比照来看，从夏人活动区域的考订与考古学文化分布范围的比照来看，从夏的文物典章制度与考古学文化内涵的比照来看，从夷夏关系、夏商关系与考古学文化关系的比照来看，二里头文化更像是夏文化。假如这个判断没有大错，那么五帝时代的下限就应是龙山时代。

五帝时代之始，战争连绵不断。《五帝本纪》说："天下有不顺者，黄帝从而征之……迁徙往来无常处，以师兵为营卫。"他先是打败炎帝，接着又擒杀蚩尤。这种情况只有在社会财富有所积累，社会分化日趋尖锐的情况下才能发生。从考古学文化来看，这是仰韶后期即大约相当于公元前3500年以后的事。所以五帝的时代上限应不早于仰韶时代后期。

按照古史传说，五帝的时代又可分为两大阶段，黄帝至尧以前是第一阶段，尧及其以后是第二阶段。先秦儒家言必称尧舜，《尚书》就是从《尧典》开始编纂的。墨家常是虞夏商周连称，把尧舜的历史同三代相联系而与以前的历史相区别。在其余各家的著作中也可以看到类似的倾向。问题是这两个阶段能否同考古学文化相对照。前面已经谈到在仰韶时代与龙山时代之间确实有一个明显的变化，无论从农业和手工业的发展，社会的分工与分化，还是从文化区系的重新组合等各方面都能看得出来。不过龙山时代有五六百年，而尧舜禹假如真是相互继承关系，时间就会短得多。除非不是个人的直接继承关系，而是不同部落禅递掌权，否则难以简单比附。

传说尧为陶唐氏，舜为有虞氏，尧舜的时代或称为唐虞时代。《孟子·万章》引孔子的话说："唐虞禅，夏后殷周继，其义一也。"意思是说唐虞时代实行禅让制度，而夏商周则是父死子继、兄终弟及的家天下制度。一禅一继，把两个时代区分得非常清楚。所谓"其义一也"是说二者又有联系，都是合乎天意即时代的要求。《尧典》中谈到那时除帝尧、帝舜外，还有由四岳、十二牧（或曰群牧）组成的贵族议事会；有以司空为首的包括司徒、后稷、士（类以后之司寇）、工（百工）、虞、秩宗、典乐、纳言等部门官员的行政组织；有刑法（象以典刑、流宥五刑、鞭作官刑、扑作教刑、金作赎刑、眚灾肆赦、怙终贼刑）；有军队并有显赫的战功。这已经是一种雏形的国家了。当然，《尧典》系后人追述，难免有记不准确而把作者当时的某些情况附丽增锦进去的地方，但也不会是向壁虚构。只要看看龙山时代已有很大的城（山东章丘龙山镇城子崖的城内面积就达20多万平方米），就知当时一定有了城乡的分化，有了政治、军事和文化的中心。有些两椁一棺的大墓墓主一定是身份很高的贵族，制铜、制玉和蛋壳黑陶等当时的高技术产业很可能有工官管理。而当时普遍出现的乱葬坑，死者身首异处或肢体残乱，当是酷刑的牺牲者。如果我们能把这两方面的材料很好地结合起来，特别是把这一阶段的考古工作继续深入地开展下去，就会更好地把我国的远古历史同夏商周三代的历史更好地衔接起来，把在中国这块土地上如何产生私有制和阶级，最后出现国家的具体进程及其特点阐释得更加清楚。那时我们将有理由说我们所作的确实称得上是恩格斯《起源》一书的中国续篇！

1991年4月于北京

（原载《史学史研究》1991年第3期）

关于重建中国史前史的思考

一、问题的提出

在酝酿考古研究所十年规划和“八五”计划期间，徐苹芳同志就史前史的有关问题来征询我的意见，一共提了十个问题，总起来说，是关于“如何重建中国史前史”这样一个大问题。

已出版的《中国通史》的史前部分，虽大都企求在理论指导下运用考古材料和古史传说，但限于目前的研究水平，理论与材料、考古材料与古史传说之间，难免缺乏系统的、有机的结合，尚未形成中国史前史的科学体系。

考古学的最终任务是复原古代历史的本来面目。除了传说材料，史前时代没有确切的文献记载可供依据，建立史前时代信史的任务自然就落在考古学家的肩上。40年来，我们忙于日益繁重的田野工作，侧重于进行考古学文化的研究，取得举世瞩目的成绩；但相对来说，重建史前史的任务无暇顾及，甚至在一些考古学家头脑里，重建史前史的观念淡薄了。由于研究机构的分工，旧石器时代考古主要归中国科学院古脊椎动物与古人类研究所承担，隶属中国社会科学院的考古研究所没有专人从事这方面的深入研究。［这种状况］持续多年的结果，旧石器时代至新石器时代的研究被人为地割裂了，上下不能贯通，以至对中国史前史各自只能有片断的而非完整的认识。台湾方面的学者在60年代曾提出重建中国上古史，由于他们受到更多条件的限制无法实现。20世纪还剩最后的10年，我们迎来了改革开放，祖国走向统一，学术繁荣的新时期，理应趁此大好时机把重建中国史前史的任务提上工作日程。

我们现在提出重建中国史前史，是从学科建设的角度、从学科建设的高度来谈，而不仅仅是编写一本书。书是阶段性研究成果，而学科建设是长期任务。我们将要有的《中国史前史》，正如当代一些科学巨著一样，可以一版一版地编下去，随着学科的发展，每一新版从内容到体例都可以而且必然有发展、变化。

今天提出这项任务是否适时？我想，经过70年，特别是近40年的考古工作，应当说基本条件成熟了。当然，任何科学成果都是创造性劳动的结晶，没有现成蓝本也不可能企望天衣无缝，把什么问题都讲得清清楚楚，科学上总有未知数，需要不断追求，不断探索，永无止境。

二、中国史前史的性质与任务

中国是以汉族为主体的统一多民族国家。讲中国历史，是讲960万平方公里幅员内、由56个民族构成的统一的国家的历史。中国史前史是中国通史的史前部分。与有文献记载的历史相对，史前史是指有文字记载以前的人类历史。具体来说，中国史前史是指商代以前的历史；同时，不限于中原，不限于黄河中、下游，凡960万平方公里以内的古人类遗址和原始文化遗存，都属于中国史前史的范畴。

史前时代大部分处于原始社会阶段，但史前史不等于原始社会史。原始社会史（含文化史）也要利用考古学、民族学的研究成果，其主要内容是讲生产方式、婚姻、家庭形态、社会组织结构，侧重于阐述原始社会发展的一般规律。按学科分，属于历史唯物主义教程性质。生产方式决定社会运行的机制，这是人类社会共同的发展法则，构成历史的核心内容。但除此之外，各国历史有各国的特点，各民族历史有各民族的特点。特点就是差别，主要包括民族和文化传统两方面，其中既有体质特征的差别，也有非体质性质的差别，诸如生活习惯、民族气质、思维方式、价值观念等等。于是，我们看到一些国家虽社会性质、发展阶段相同，但政体、文化、生活方式又千差万别，一国一个样，古今都如此。有些文化传统可能随社会性质、生产方式的改变而淡化、消失，或被新形式的传统所取代；唯构成民族特性的传统精神，往往可世代相传，其根源甚至可追溯到旧石器时代。当代中国是历史上中国的继承和发展，通过大量具体事实，揭示中华民族的形成及其深厚的文化传统背景，应属于史前史的内容。

史前史的史源主要来自史前考古学，但史前史不等于史前考古学。考古学所研究的对象是具体的遗址，具体的遗迹、遗物。这些古代物质遗存无疑具有珍贵的史料价值，但素材不等于历史，依考古文化序列编排出的年表也不等于历史。史前史不是田野发掘报告的堆砌，也不是田野考古资料的总合。从史前考古学到中国史前史要有个升华过程，即概括和抽象的过程，科学思维的过程。换句话说，我们的田野工作、简报、报告是“硬件”，有了这些硬件，还必需编制科学程序即“软件”。硬件代替不了软件。又好像一个人，有了骨头和皮肉，具备了人的形体，还不够，重要的是还要有灵魂。一部活生生的历史也是这样。艺术是通过形象反映客观，科学是通过逻辑反映客观，没有逻辑就杂乱无章，不成系统。这就是说，从研究史前考古学到研究史前史，考古学家在思想观念上、工作上要有个转变。

不要以为我们的工作对象是实物资料，只要加以客观报道，自然而然的就是唯物主义的，就能从中阐发历史规律。自然规律、社会历史规律是客观存在，无时无刻不在运转并制约着人们的活动。但规律又是抽象的，看不见，摸不着，认识规律不那么容易。不然，为什么自然界的进化经历了亿万年，直到达尔文才提出进化论？对历史的认识也是这样。世界各国出现过许多史学名家，留下不少史学著作，但直到马克思、恩格斯运用辩证唯物主义和历史唯物主义才第一次对人类社会发展规律做出科学概括，使社会历史规律同宇宙运转的自然法则统一起来，把历史学变为科学。史前史本身充分说明：只有依靠正确的观点、方法，才能驾驭浩如烟海、纷繁复杂的史料，对中国史前史做出科学的总结。

恩格斯曾经有过一段精辟论述："历史上依次更替的一切社会制度都只是人类社会由低级到高级的无穷发展过程中的一些暂时阶段。每一个阶段都是必然的，因此，对它所有发生的时代和条件来说，都有它存在的理由；但是对它自己内部逐渐发展起来的新的、更高的条件来说，它就变成过时的和没有存在的理由了；它不得不让位于更高的阶段，而这个更高的阶段也同样是要走向衰落和灭亡的。”[①] 同一观点贯穿于恩格斯的历史哲学名著《家庭、私有制和国家的起源》一书的始终。在该书结尾，作者引用摩尔根的一段话，说明文明只是社会发展一个短暂阶段，文明的基础是一个阶级对另一个阶级的剥削，从这个意义上讲，“文明”并不文明，文明的发展将最终导致古代氏族的自由、平等、博爱在更高级的形态上得以复活。今天，我们钻研史前这以百万年计的历史，目的是为了阐明中国历史的发端和发展过程，以中国的材料充实辩证唯物史观，为发展马克思主义历史科学做出贡献。

三、中国史前史的内容和时、空框架

人类起源是史前史的头一个大课题。人从古猿分化出来，脱离动物界成为万物之灵，大约经过一千多万年的漫长历程。中国是古猿和古人类化石富集地区之一。云南禄丰腊玛古猿，这一千多万年前人猿超科化石的发现，为人类亚洲起源说提供了证据。

---

① 恩格斯：《路德维希·费尔巴哈德国古典哲学的终结》，《马克思恩格斯选集》第4卷第212—213页，人民出版社，1972年中文版。

最初的人类大约出现在上新世，至今已有400万年的历史。史前人类社会由低级向高级大致经历了原始群、前氏族公社、氏族公社和早期国家等几个发展阶段。原始群、前氏族公社到氏族公社初期，相当考古学上的旧石器时代；氏族制度由发展、繁荣到衰落、解体并向早期国家过渡，相当新石器时代和铜、石并用时代。

从体质进化与文化发展角度看，初始的一大段（旧石器时代早期的最初阶段），主要是人类塑造自己的过程，靠的是劳动，靠的是群体的力量。那时能够制造工具，但迄今所知，当时世界上还缺乏稳定的打制石器的方法，缺乏个性；或可以说，那阶段文化特征因素还不显著。进入更新世以后的一二百万年，体质条件趋于成熟，创造的文化，一步步丰富多彩。元谋猿人和山西芮城西侯度文化，都属于早更新世，距今一百七八十万年。被认为可能属于元谋人的石器，特征还不明显。西侯度以石片石器为特征，包括石片、刮削器、砍斫器等，已按照一定方法打制，其中砸击石片的方法同北京人一致，可看成北京人文化的前驱。在中国范围内，发现于几十个地点的包括直立人、早期智人、晚期智人的材料，构成一条相对完整的人类进化链，证明中国古人类体质特征发展的连续性；数百个旧石器地点代表了旧石器发展的各个阶段；以向背面加工的石片石器为主体的小石器传统贯穿始终，构成中国旧石器文化的鲜明特征，尤以华北地区的旧石器文化发展清楚，特征突出。至少更新世以来的材料证明，中国人的主体部分是东亚大陆土著居民，是北京人后裔；中国文化是有近200万年传统的土著文化。

人类进化与文化发展的道路都不是线性的，发展中包涵着不平衡。例如，发现于河北阳原的东谷坨文化，属早更新世之末，距今100万年。东谷坨人是选用优质的燧石为原料来制作石器的，其类型较固定，技术较熟练，看来已达到了北京人中期（距今50万年）的水平，表现出明显的进步性。如果认为北京人文化上承东谷坨文化发展而来，那么，这一现象会令人困惑。但在我看来，这是一种文化发展不平衡的历史现象。北京人文化并非直接源于东谷坨文化，北京人是用劣质的脉石英来制作小型石器的，有它自己的特点，有它自己的文化源流。只是目前对东谷坨文化的来龙去脉还不清楚罢了。时间早的文化可能会先进，这正是各地文化发展不平衡的例证。另一个例子是发现于辽宁营口的金牛山人文化，其年代经测定在20多万年前，不论从地质年代还是从动物群，都表明它与北京人文化晚期有相当一段时间是共存的。但金牛山人的体质特征都远较北京人为进步，吴汝康先生认为金牛山人已属于早期智人。这说明，不仅在文化发展上存在着不平衡。在人类体质进化上也存在着不平衡。再就金牛山人本身的体质形态来说，其身体的不同部分也有进化快与慢的差别。金牛山人是世界罕见的保存了头骨、肢骨和大量体骨的古化石人类，金牛山人的头骨比北京人进步，而上肢骨比北京人更为进步。手的劳动首先促进了上肢的进化，上肢的进化又促进了头脑的进化。可以说，在人类体质的进化过程中，上肢、下肢、头脑也不是齐步走的。我们还可以蓝田人的体质特点再来说明人类体质进化的不平衡性。蓝田人在地质年代上与北京人接近或稍早，但在体质特征上却远较北京人落后，蓝田人的脑量还不及800毫升，而北京人的却达到1100毫升左右。由此可见，人类体质也罢，文化也罢，发展不平衡的现象是普遍的，绝对的；而平衡只能是相对的，暂时的，暂时的平衡又会被新的不平衡所打破。

在人类社会发展史上，最后的十来万年尤为重要。中国以至整个旧大陆范围内，人口密度有了明显增长，彼此交流增多，这是人类生存能力、改造自然能力提高的结果。其关键是技术的进步。集中表现为石器刃部的细加工和从按把到镶嵌装柄一系列“复合工具”的出现与发展。早在北京人文化晚期就出现了长不过4个多厘米的“类似倒置箭头的”小石锥（图一：4）。它的实用部分是“铤部”，即锥尖。但其后部有一

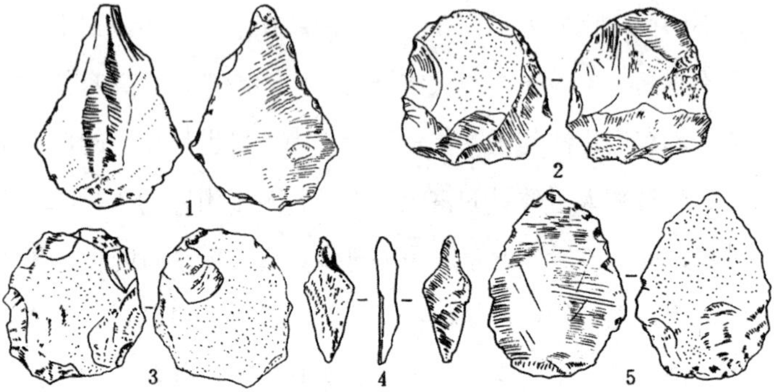

图一　周口店第一地点北京猿人石器（采自裴文中、张森水：《中国猿人石器研究》，科学出版社，1985年。）

个加工的窄叶形“箭头”状的柄部，这种形制的小石锥，显然不宜以手握的方式锥物，其叶形柄部应是按把的部位。也就是说，最原始的“复合工具”未必是始于几万年前的“细石器”的出现，它的萌芽可能追溯到20万年前的北京人文化晚期。发展到峙峪文化时期，那种带短铤的石镞、带短柄的弧刃小石刀等，都应是按柄使用的复合工具的部件。旧石器时代中晚期的“小石器”工艺的发展，说明复合工具的日益发达。不论是细石器还是小石器多应按有木质的或骨质的柄、把、杆，否则难以单独使用。一万年前的河北阳原虎头梁的多种尖状器已具备了多种按柄方式，甚至连类似“直内”、“曲内”的石器都出现了，实际上可能就是后来“勾兵”、“刺兵”、铲、锄之类复合工具的雏形。虎头梁的各种按柄尖状器进一步发展，则成为像富河文化那种类似钺的宽刃斧（图二：4）、类似戈的窄刃斧（图二：3），盘状砍斫器（图二：1、2）以及石钻（图二：5、6）等。这些石器显然是按柄使用的，但归根到底还是要上溯到北京人的从把手到按柄的技术。北京人文化，不论是下层的还是上层的，其主要的两类小型石器都是砍斫器和尖状器，正是在这两类小型石器上留下了从把手到按柄的发展踪迹（图一：3、5→1、2、4）。按了柄的利刃等于加长了

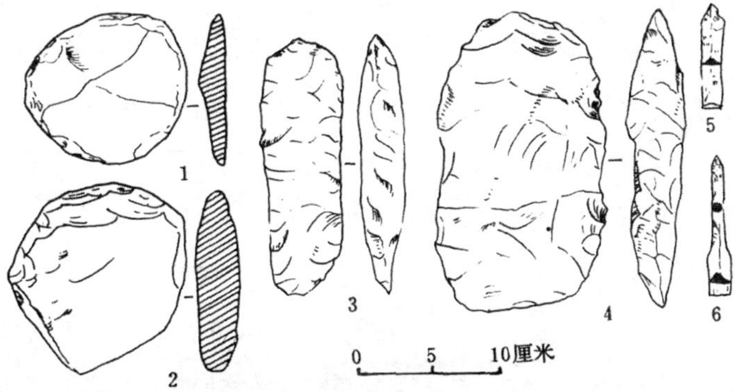

图二　富河文化打制石器

1、2. 盘状砍斫器　3. 窄刃斧（类勾兵）　4. 宽刃斧（类钺）　5、6. 石钻（锥）（均由考古研究所内蒙队1961年调查采集于内蒙古巴林左旗乌尔吉木伦河马家园子村，地点编号：61ZW3，年代：距今约5000年。参考内蒙古自治区文化局文物工作组：《昭乌达盟巴林左旗细石器文化遗址》，《考古学报》1959年2期。）

手臂，于是带柄斧、梭标、弓箭相继出现，人类起飞了。旧石器时代最晚期出现的间接剥制法生产的典型细石器，只不过是对旧石器时代中晚期业已发展起来的小石器的利刃与按柄技术的继承与进一步发展。因此我认为，利刃的细加工及复合工具的出现是旧石器时代中、晚期的突出成就。正是这一成就才提高了改造自然的能力，才使大型围猎成为可能或更富成效；人类可以获取大走兽、可以获取飞禽和游鱼。与此同时，另一项重要发明是以海城小孤山发现的有孔骨针为代表的缝纫技术。骨针虽小，却意义重大。有了骨针，解决了缝制皮衣问题，人们才可能离开洞穴走向平原，走向寒冷的北方，越过白令海峡走向另一个大陆，走向世界各地。在现今中国的960万平公里范围内，那些相对说来环境不大有利的边疆地区，才会发现了旧石器时代晚期的遗址，中国的北方和南方以及欧亚大陆东、西之间产生了交流。新、旧大陆之间在人种和文化上的相近之处，不是在更晚，而是在旧石器时代晚期形成的。可以这样说，现今世界的、中国的人类分布的大致格局是从10来万年前开始逐步形成的。以往我们对这一阶段的历史研究得不够。如果认为只是在2万年前随着典型细石器出现才出现了复合工具，才带来了社会生产力的飞跃，显然是简单化了一些，而且也无法解释早在10来万年前人口开始迅猛增长的历史原因。

旧石器时代之后的历史时期是新石器时代。对这一时期的研究我想大致可分为两部分主要内容。一根主线是技术、经济的发展，特别是社会本身的发展。广义的新石器时代的历史是一部从氏族社会向早期国家发展的历史，也就是要研究社会发展的规律在中国史前史中的具体体现的过程；另一部分内容则要具体研究中华民族的形成，中国文化的形成及其特征，中国文化传统的组合与重组的史实。中华民族文化传统是几十万年、上百万年以来文化传统组合与重组的结果。我们先来谈从氏族社会到国家出现的历史的研究。

由旧石器时代向新石器时代的过渡，包括了农业的起源、农牧业的分工以及农牧业代替渔猎而成为社会经济的主要部门，随之出现了定居的聚落，从“前陶新石器时代”发展到会制作陶器、饲养家畜，以及半地穴式和地面建筑的出现与发展。中国考古学成果已证明中国史前农业是独立起源自成一系的。黄河流域是粟的发源地，长江流域是稻作农业的发源地。七八千年前的聚落在各大文化区都已有所发现，而以半坡、姜寨的聚落为最完整、最典型。与这一社会经济发展相一致的是，氏族社会由旧石器时代晚期所处的氏族制前期发展到了氏族制的繁荣鼎盛时代。半坡、姜寨聚落可以说已达到了氏族制度发展的顶点。也正是在半坡、姜寨所处的时代发生了氏族社会的转折，即由繁荣的顶点走向衰落、解体的转折。我们都知道，山顶洞人已有了埋葬仪式，那是有血缘关系氏族成员对死者的怀念，它反映了氏族意识的存在。哈尔滨的阎家岗发现了一处营地，考古资料表明，该营地是以比氏族范围更大的人群进行季节性的集体围猎的遗存，猎获的对象种类单纯。进行这类群体狩猎，必定有着相应的社会群体组织——氏族部落的存在。半坡、姜寨那种环壕大型居址，其中以大房子为中心，小房子在其周围所体现的氏族团结向心的精神，以及居址之外有排列较整齐的氏族墓地，墓地上同性合葬、小孩不埋入氏族墓地等情况所体现的典型氏族制度的原则，说明氏族制度发展到了顶点。而且其后不久就出现了在居址中心也可以埋人，男女老少同穴合葬的现象，就说明氏族制度的原则开始被破坏了。半坡遗址另外一些文化现象也说明它正处于社会转变期。如小口尖底瓶未必都是汲水器。甲骨文中的“酉”字有的就是尖底瓶的象形。由它组成的会意字如“尊”、“奠”，其中所装的不应是日常饮用的水，甚至不是日常饮用的酒，而应是礼仪、祭祀用酒。尖底瓶应是一种祭器或礼器，正所谓“无酒不成礼”。半坡那种绘有人面鱼纹之类的彩陶，反映的已不再是图腾崇拜，已超越了图腾崇拜的阶段。有些彩陶应属“神职”人员专用器皿，当时或已出现了脑力与体力劳动的分工。仰韶彩陶无疑是社会分工的产物。大汶口文化早期那种带提梁的陶鬶和各种形制的陶杯、觚，具有同样的意义，是神器，不应看作简单的日用器皿。出现于大汶口早期、崧泽文化而后流布各地的石钺、玉钺，大多不是实用工具，乃是权力和权威的象征物。其他区系文化所反映的社会进程，与仰韶相近或略有早、晚。例如阜新查海的玉器距今8000年左右，全是真玉（软玉），对玉料的鉴别已达到相当高的水平。玉器的社会功能已超越一般装饰品，附加上社会意识，成为统治者或上层人物“德”的象征。没有社会分工生产不出玉器，没有社会分化也不需要礼制性的玉器。因此，辽西一带的社会分化早于中原。到距今5000年前后，在古文化（原始文化）得到系统发展的各地，古城、古国纷纷出现。古城是指城、乡最初分化意义上的城和镇；古国指高于氏族部落的、稳定的、独立的政治实体。古城、古国是时代的产物，社会变革的产物，作为数种文明因素交错存在、相互作用的综合体，成为进入或即将进入文明时代的标志。距今4000年稍前，进入青铜时代，进入中国历史上第一个王朝——夏代。

以下，我再来谈谈中华民族的形成与中国文化传统组合与重组的问题。上面已谈到了夏王朝的建立。但是夏朝文明并不是一花独放的。大家知道，夏王朝时期，“执玉帛者万国”，先商、先周也各有国家，实际上是夏、商、周并立的局面；更确切地说，是众多早期国家并立，齐、鲁、燕、晋以及若干小国，在西周分封前都各有早期国家，南方的楚、蜀亦然。秦汉统一时中国幅员内各地大都经历了从氏族到早期国家的历史进程，各地进程虽有先有后，先后相差的幅度一般不超过500—1000年，但都可追溯到4000年、5000年、6000年前。甚至还可追溯到更早。同时我们还必须着眼于夏王朝所处的黄河中游之外的，作为中华民族各支系祖先所赖以生存、奋斗的更广阔的空间。

从空间来看，中国大陆东部面向太平洋，西部面向欧亚大陆；又可大致以秦岭、淮河一线为界，分成南方和北方。南、北两半的面积和人口差不多。由于幅员辽阔，从很早就出现了地区性的差别和分化，至迟在旧石器时代晚期，南方和北方的东部和西部的文化面貌已露出明显的差异。同时，南、北、东、西的旧石器文化都分化出若干文化类型。至10000年以内，在原有四大部分文化差异的基础上，逐渐形成相对稳定的六大文化区系：（1）以燕山南北、长城地带为重心的北方；（2）以山东为中心的东方；（3）以关中（陕西）、晋南、豫西为中心的中原；（4）以环太湖为中心的东南部；（5）以环洞庭湖与四川盆地为中心的西南部；（6）以鄱阳湖—珠江三角洲一线为中轴的南方。六大区系内，还可以划分出不同的地方类型。不同地区文化，都特征明确，源远流长，但彼此的渊源、特征、发展道路存在差异，发展水平不平衡，阶段性也不尽等同。相对而言，南部的三大区，民族多、方言多，文化呈波浪式发展；从文化传统、民族融合、影响社会进程的重大历史事件诸方面考察，应当说，从旧石器时代以来，发展的重心常在北部。北部的前红山—红山文化、前仰韶—仰韶文化、北辛—大汶口文化三大文化系统，都得到充分发展，并在发展中交流，互相渗透、吸收与反馈，这种区系间的文化交互作用在公元前4000年以后进入高潮，文化面貌你中有我，我中有你。

当然，以发展顺序看，中原并不都是最早，不都是从中原向四周辐射。从旧石器中晚期到新石器初期，很可能辽河流域比海河水系早，海河水系又比黄河中游早。海城小孤山遗存，据铀系法测定距今4万年，有迄今所知年代最早的梭标、带倒钩的鱼叉、用两面对钻法穿孔的骨针，表现出明显的进步性，时间比山顶洞人早，但比山顶洞骨针进步。这一发现说明：旧石器时代晚期，以辽河流域为中心这一片，文化发展走在前列，从而为辽河流域新石器时代文化的前导地位奠定了基础。8000年前阜新查海玉器以及其后红山文化“坛、庙、冢”的发现，是辽河流域前导地位最有力的证明。在中原地区与之相当的时期，还未发现具有类似规模和水平的遗迹。时间接近、规

格相似、发展水平较高的一处重要遗址是甘肃秦安大地湾“类似坞壁”中心“殿堂式”大房子遗迹[①]（遗址面积超过1平方公

① 大地湾F901遗址，位于大地湾河岸阶地上类似“坞壁”聚落遗址的中部，现状地势高出河床80米。遗址反映这是一幢多空间的复合体建筑，主体为一梯形平面的大室，遗迹清晰可辨。前墙长1670厘米，后墙长1520厘米，左墙长784厘米，右墙836厘米。主室前面有三门，各宽约120毫米左右，中门有凸出的门斗，室内居中设直径260厘米的大火塘，左右近后山墙各有一大柱，形成轴对称格局。主室左右各有侧室残迹；前部有与室等宽的三列柱迹，表明前部连结敞棚。整组建筑纵轴北偏东30°，即面向西南，正是古人推崇的戾位。这一建筑遗址反映如下特点：（1）位于聚落总体的中心部位。（2）为已知全聚落中体量最大建筑；并为庄重的对称格局；大室中门设立外凸的门斗，特别强调了中轴线。（3）主室大空间南向开三门，总开启宽度约350厘米，加强了它的开放性以及和前部敞棚的连贯性。这显示出主室是“堂”的性质。（4）主室前部连结的开放的敞棚，正是所谓的前轩。“堂”前设“轩”这一格局，大有“天子临轩”的味道。（5）堂的正面并列三门沟通前轩，反映实用上的群众性和礼仪性，显然它不是一般居室性质，而是一座具有重要社会功能的建筑物。（6）堂的后部有室，左右各有侧室——“旁”、“夹”，构成明确的“前堂后室”并设“旁”、“夹”的格局。这与史籍所追记的“夏后氏世室”形制正相符合。（7）堂内伴出收装粮食的陶抄（与当地现今所用的木抄形制相同）及营建抄平用的平水（原始水平仪）等，都应是部族公用性器具。它们结合建筑形制，可以进一步表明这里大约是最高治理机构的所在。（8）就建筑学而言，这座建筑显出了数据概念和构成意识：堂的长宽比为2∶1；二中柱各居中轴一侧方形面积的中轴上；前后檐承重柱数目相等（但不对位）。（9）就结构学而言，以木构为骨干的土木混合结构承袭了仰韶文化“墙倒屋不塌”的构架传统，但与半坡类型（以F24、F25为代表）不同，其围护结构不在承重柱轴线上，而在外侧。综合以上几项特点，可以推测F901为当时部落社会治理的中心机构，也是部落首领的寓所。前部堂、轩用于办事、聚合或典礼；后室及旁、夹用于首领的生活起居。F901正可印证夏后氏“世室”（含义即“大房子”）的传说。“世室”这一复合体的大房子、从形式上讲是“前堂后室”；从功能上讲，是“前朝后寝”。F901——世室，奠定了中国宫殿制度的基本格局；上溯其源，它正与仰韶文化半坡遗址所见的比较简单的“前堂后室”的大房子——F1，一脉相承。（本注由中国社会科学院考古所杨鸿勋提供。）

里）；大房子面积超过100平方米，属仰韶文化末期（约5000年前）。距今7000—5000年间，源于渭水流域或华山脚下的仰韶文化，经历了组合与重组的过程，半坡时代是人类群体和文化的一种组合，它的范围较小；到了庙底沟类型的时期，显然是又经历了重组，庙底沟类型的范围大多了。在这一重组之后的仰韶文化，通过一条呈“S”形的西南一东北向通道，沿黄河、汾河上溯，在山西、河北北部桑干河上游至内蒙古河套一带，同源于燕山以北大凌河流域的红山文化汇合。红山文化鳞纹彩陶罐、“之”字纹筒形罐同仰韶文化玫瑰花形彩陶盆共生。尖底瓶与“原型斝”交错，产生许多新文化因素。一系列新文化因素在距今5000—4000年间，又沿汾河南下，在晋南同来自四方（主要是东方、东南方）的其他文化再次组合，碰击出陶寺这支文明的火花，遂以《禹贡》冀州为重心奠定了“华夏”的根基。与此同时，在北方甚至长江中、下游文化面貌发生了规模、幅度空前的大变化，黑、灰陶盛行，袋足器、圈足器发达，朱绘、彩绘黑皮陶代替了彩陶，大型中心聚邑遗址（古城）出现，墓葬类型分化，大墓中使用双层或多层棺椁以及由玉器、漆器、彩绘陶器、蛋壳陶器组成的礼器等等。考古发现已日渐清晰地揭示出古史传说中“五帝”活动的背景，为复原传说时代的历史提供了条件。进入文明时代之后，中华民族祖先的重组的历史进程并没有终止。正如我前面所说："夏有万邦"、"执玉帛者万国"。继夏之后，王天下的商、周，都有他们自己的开国史。在夏王朝时代实际是众多国家的并立。周人所说的"普天之下莫非王土，率土之滨莫非王臣"，当时还只是一个理想中的"天下"。而秦始皇统一中国建立了多民族的统一的中央集权帝国，才是实现了一统的中国。因此，可以这样说："中国"的形成经历了从共识的"中国"（即相当于龙山时代或传说中的"五帝"时代。广大黄河、长江流域文化的交流、各大文化区系间的彼此认同），到理想的中国（三代的政治文化上的重组），到现实的中国——秦汉帝国。

在民族的形成，民族文化的不断重组这样一个重大课题的研究中，考古学文化区系类型的研究是它的基础之一。区系类型的研究是一项通过考古实践得出认识，然后又回到实践中去接受反复检验并在高一层次的基础上指导实践，不断丰富、发展、深入研究的系统工程。其最终目的是从宏观上阐明把中华民族凝聚到一起的基础结构。这一研究和我前面所说的古文化、古城、古国的研究是密切相关、相辅相成、相得益彰的。40年来考古工作的成果，使我们有可能从宏观上对中国史前文化的总体系做出理论概括：相对于世界其他几大历史文化系统而言，中国文化是自我一系的；中国古代文化又是多源的；

它的发展不是一条线贯彻始终，而是多条线互有交错的网络系统，但又有主有次。各大文化区系既相对稳定，又不是封闭的。通过区内、外诸考古学文化的交汇、撞击、相互影响、相互作用，通过不断地组合、重组，得到不断更新，萌发出蓬勃生机，并最终殊途同归，趋于融合。中国文明之所以独具特色、丰富多彩、连绵不断，中华民族之所以能够形成一个统一的多民族国家并在数千年来始终屹立在世界的东方，都与中国文化的传统、中国文明的多源性有密切关系。同世界上其他文明古国的发展模式不同，多源、一统的格局铸就了中华民族经久不衰的生命力。

关于中国文化的传统，我不妨再重复地集中概括为两点。

一是中国人有一双灵巧的手，精于工艺，善于创造。这一特点在北京人时代已经形成。北京人文化的突出特点是用劣质石材制造出超越时代的高级工具，例如用脉石英石片修整成尖锐、锋利的小型石器等。这种勇于开拓、善于实践的精神在其后的几十万年中得到传承。良渚玉器上的微雕工艺，历史时期享誉世界的丝绸、漆器、瓷器工艺，对人类文明做出重大贡献的四大发明，直到20世纪五六十年代用“蚂蚁啃骨头”办法制造出万吨水压机，都是这种传统的体现。中国农业的传统是自古以来的精耕细作，延续到今天，创造出以占世界7%的耕地养活占世界22%人口的奇迹。这种传统同中国人勤劳、朴实、自强不息的美德融为一体，蕴育出无穷的创造力，成为中华物质文明、精神文明喷涌不竭的源泉。

二是中华民族极富兼容性和凝聚力。史前不同文化区系的居民，通过不断组合、重组，百川汇成大江大河，逐步以华夏族为中心融合为一个几乎占人类四分之一的文化共同体——汉族。它虽然幅员辽阔，方言众多，但在文化上却呈现出明显的认同趋势。大约就是在这个基础上以形、意为主又适应各地方言的方块字被大家所接受，成为其后数千年间维系民族共同体的文化纽带，产生了极强的凝聚力，汉族从开始就不是封闭的、一成不变的。历史上许多进入内地的少数民族先后与汉族融合，给汉族不断注入新血液、新活力，得到不断壮大，并团结五十多个兄弟民族共同组成伟大的中华民族大家庭。自秦、汉建立统一多民族国家以来，虽有过短暂的分裂，但统一一直是主流。中国从未被征服过。当西方殖民者以坚船利炮横行世界的时候，无法灭亡中国。世界诸文明古国中，只有中国历史连绵不断。中国人这种伟大的民族精神、力量，其根脉盖深植于史前文化之中。

一部史前史，以时间说，上下几百万年；从空间说，要概括960万平方公里范围内中华祖先创造的光辉业绩，任务相当繁重。从何着手呢？鄙意可考虑：（一）区系观点是个纲，纲举目张；（二）文明开始是把金钥匙，是要大力开拓的课题；

（三）文化传统的根系要上溯到旧石器时代；（四）由近及远，一个课题、一个课题逐步积累。

一部史前史，既是人类社会发展史、文化史，又是人类征服自然、改造自然的历史，这种性质决定它必须是多学科的综合研究成果，不仅需要吸收人类学、民族学的研究成果，还要借助地质学、古生物学以及许多自然科学或新技术手段。环境考古学是一门新产生的交叉学科，它的任务不是单纯研究自然界的进化，而是研究人与自然的关系。人类改造自然的同时也在破坏自然。从刀耕火种起就在破坏生态平衡，随着征服自然能力的增强，对自然的破坏也越加剧。同时，自然给予人类的报复也越加沉重。直到20世纪末人们才认识到生态危机已威胁到人类的生存，需要重建人同自然界的协调关系。环境考古的目的就在于从历史角度阐述人类依附于自然，利用自然、保护自然、最终回归自然的辩证关系。

最后的一句话是对中国史前史给予科学总结，宏扬民族文化，将有助于我们认识国情，提高民族自信心；同时，也将是对世界文化史的贡献。

（高炜、邵望平记录整理）

（原载《考古》1991年12期）

重建中的“中国史前史”

考古原应回归它的创造者——人民，这是它的从业者的天职。

——笔者

向读者交心

去年，我的两篇论文发表了，题为《中国古史的远古时代》和《关于重建中国史前史的思考》。新华社、《人民日报》和美国《世界日报》等作了报道。

通过这些新闻媒介，消息在国内外传布开了。我作为两文的作者似乎应该感到松一口气了吧？然而不然！外面越是沸沸扬扬，自己越感到心情沉重。在这沉重的心情下，我忽然想起这样一个极简单的道理，作家或表演艺术家哪一个不懂得他们的作品或演出是给广大人民群众看的呢？难道我们考古学家就是不食人间烟火的吗？

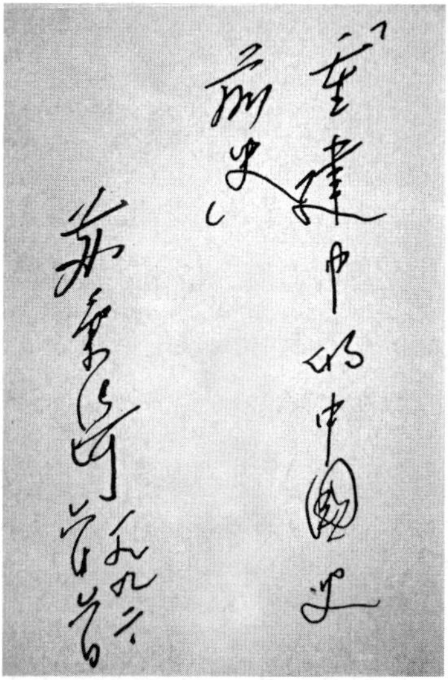

手书"重建中的中国史前史"

现在《百科知识》这个最好的、全方位的知识传导窗口给了我一个反思、补过的机会，真是功德无量，阿弥陀佛！太感谢了！两篇论文字数都不过万把字，专题论述都不算长。平心而论，在普通知识界（包括各行各业的专家学者），即使对这课题有些兴趣，可这干巴巴的论述，能有几人有这份耐心从头到尾读下去？在同行圈内也未必有几个人能有这耐心，又怎能指望它发挥社会效益呢？

两篇论文从题名可以看出是有内在联系的姊妹篇，前者着重点在这一课题的阶段性成果；后者着重点在笔者对这课题的总体设想。归纳到一点，是笔者对这课题的一家之言，但不是我一个人的一家之言。课题不新，但有些新意，新就新在这项工作确是正在进行之中。

走自己的路

话还需要从头说起。在马克思逝世一年后，恩格斯为执行马克思的遗愿，挤出一段不过两个月的时间完成了巨著《家庭、私有制和国家的起源》。书中不可避免地留下某些他自己感到遗憾的地方。如：书名是“家庭、私有制和国家的起源”，而内容框架则保留了摩尔根《古代社会》的“野蛮”、“文明”。又如：全书结论沿用了摩尔根原著的一段而未作更深入一层的发挥。

到20世纪初，近代中国考古学初创时期，郭沫若写《中国古代社会研究》（1929年），在序言中说：“本书的性质可以说就是恩格斯的《家庭、私有制和国家的起源》的‘续篇’”，其目的是为了“写满这半部世界文化史上的白页”。写书的时代背景，是“对于未来社会的待望逼迫着我们不能不生出清算过往社会的要求。目前虽然是‘风雨如晦’之时，然而也正是我们‘鸡鸣不已’的时候”。

大约又经历了半个世纪的跋涉，到70年代后期迎来祖国科学的春天。中国考古学才从理论与实践结合上，初步认识了我们的立足点、起跑线和目标、方向。

恩格斯这一著作论证的内容大量的是关于全人类从氏族到国家的辩证发展，而其最终的落脚点，明确无误地讲的是为“揭开社会的下一个更高的阶段”的辩证发展。郭沫若的这一著作论证的内容归结为中国氏族到国家的界标定在殷商。而他在序言中明确点明他的著作是出于“对未来社会的待望”。所以，自称为是恩氏《起源》一书的“中国续篇”。

当我们把“接力棒”拿到手中半个世纪之后面对的客观世界是怎样的呢？恩格斯的《起源》一书的“中国续篇”能照郭著延伸写下去吗？我的答案是肯定的，又是否定的。殷商文化有起源问题，中国文明起源问题更大过它百十倍。仅就从氏族到国家问题，不能以殷商涵盖中国，否则“汤武革命”当作何解释？夏商周秦各有自己一部开国史，遑论其他？文明起源一词前边加上中国二字，重有千钧。九百六十万平方公里的国土、占人类近四分之一的人口、包括五十六个兄弟的中华民族，号称五千年的文明古国、还是世界古文明中心之一，文化传统源远流长，从未间断，她的历史光辉照耀千古，举世无双。现在可以说：马克思主义理论是放之四海而皆准，又可以说：郭沫若本世纪初写过一本书，论证中国文明起源可断自殷商，成一家言。它们对于上面提到的妇孺皆知的史实和提问能做出几许说明呢？归根结底，当今时代，我们提出中国文明起源问题，实质上已远不单是哲学问题，而是一个实实在在现实的社会、历史的课题，涵盖中国的过往与今来，是中国在这个“世界村”中，中国人在当代世界进步人类中，将占一个怎样位置的问题，是合格的公民还是二等公民的问题。这不是危言耸听，这是跨世纪面临的挑战。拿历史当作镜子是中国人古老的传统，这课题就是镜子。

中国考古学文化区系类型观点，首次提出是1975年8月在考古所会议室，向吉林大学考古专业毕业班讲话的部分内容。六大文化区系涵盖面包括中国人口分布比较密集的全部，它们各自具有自己的渊源、特征和发展道路。“渊源”指的是相当于新石器早期的文化。“特征”是指各自在新石器中期（大都反映原始公社氏族制从繁荣到解体转折点阶段）具有明显区别于其他区系的考古学文化。“发展道路”指的是相当新石器晚期和铜石并用阶段具有明显的自己独具的较高文化特征因素的典型地点。

区系观点可以比作理解中国文化的纲，纲举目张。否则，中国文化将永远是个不解之谜。以区系观点为纲，应用马克思主义理论进行社会分析才能抓住要领。文明起源问题之所以成为历史唯物论的核心课题，正因为它是打开历史与文化迷宫的“金钥匙”。再好的工具也需要用之得法，这是我国考古工作者经历半个世纪实践与理论结合得来的一点经验总结。

重大转折

中国考古学文化区系观点作为重要方法论之一被多数从业者理解，成为共识，大约又经历了十几个年头。这期间，从北到南，从东到西，在六大古文化区系各自范围内普遍发现相当新石器晚期阶段的具突破性意义的大遗址的重要遗迹、遗物，经过论证，属于社会已发展到较高阶段具有较高文化水平的遗存。实际上，对此类重大发现的认识不过刚刚开始，大量的课题还有待开拓。这才真正是我们身在前沿阵地的实际工作者发挥创造才智的良机。

前程似锦

回顾新中国成立后的四十多年的中国考古学科、事业的发展，近十多年的成果最为显著。近二三年来变化尤大。老年人思想反映有时比中青年人差些，但有时更敏锐些。我不讳言老，不怕衰老，我真心实意地意识到当前时机的可贵。最难得的是今后跨世纪的一二十年的时间、机会。我想说明的是，其一，区系观点和文明起源课题的意义已成现实，无须再加深论；其二，中华民族最初形成与发展，中国文化传统的直根系的形成与发展，还要在更高层次的理论与实践结合上大力开拓，这是今后一二十年间前沿阵地最需要抓紧的大课题。机不可失，时不再来！

（原载《百科知识》1992年第5期）

文化与文明

——1986年10月5日在辽宁兴城座谈会上的讲话

去年10月份在兴城座谈会上谈的题目是“古文化古城古国”，今年还是在兴城，谈“文化与文明”，实质上是继续去年的讲话，但内容有所不同。

文化与文明起源问题，这是当代中国考古学的大课题。考古学研究的对象和学科的一项重要任务，就是文化与文明，这是我们学科的性质所决定的。

一、背景——历史的反思

回顾历史，中国文化与中国文明起源问题被特别提出和被特别重视，正是在中国近现代历史上的两个转折点：一个转折点是五四运动时期，一个转折点是80年代初，这也是我们考古学科发展过程中的两个转折点。是什么样的历史转折？用一句话来概括，就是历史的反思。五四运动前后，当国家、民族面临危机生死存亡的时刻，在社会上引起了一个热烈的思潮，就是讨论中西文化问题。那时候中西文化问题之所以成为一个热门话题，原因很简单，就是几千年的文明古国落后了，落后的原因是什么？不能不从历史上来回答这个问题，我们究竟比西方在哪些方面落后了，如何赶上去，到底应该向西方学习些什么东西，这个问题可以说在五四运动时期基本上找到了回答，那就是科学与民主。这话现在说来很简单，在当时来讲，却是解决了一个历史大问题。因为我们是有悠久历史的文明古国，自来认为是天下第一，一切都是中国最先进，能够意识到比不上人家，要赶上去，而且提出科学与民主的口号，比日本的变法维新提得更深、更明确，这谈何容易呢，当然是大事。我国近现代科学只有在提出科学与民主的时候，才有了发展的土壤。从五四时期起，经过半个世纪后，我们又在经历一次历史转折，这就是党的十一届三中全会以后，历史的反思又一次被严肃地提出来了。那还是1980年前后，提的问题也还是中西文化问题，但现在提出问题的角度与前一次不一样，现在要开放，要引进，还是要讲科学与民主，这本来是不成问题的问题，事实上还成了更重要的问题。为什么？我们建设现代化，如果是建设日本式的、新加坡式的，是单纯学美国，学西欧、日本，那能就是千万仁人志士抛头颅洒热血奋斗的目标？不是。我们要建设的是同五千年文明古国相称的现代化。这就自然而然提出，我们这个具有五千年古老文明的民族的灵魂是什么？精华是什么？精神支柱是什么？我们要继承什么？发扬什么？大家都在思考这个问题。我们考古工作者要严肃对待这个问题，都要感到自己的责任，因为我们的考古学科就是在这两个转折时刻有了重大改变，其主要标志就是，中国文化与文明起源问题是这两个转折点所引起的历史反思这一社会思潮的组成部分。1981年我在庆祝党成立六十周年纪念会上谈到：一个有自己特色的、马克思主义的、现代化的考古学派已经在世界东方出现。说这话是歌颂我们党的光辉在照耀着我们的学科，而并未具体表述我们学科的具体成就。事实上，一个牛河梁红山文化“坛、庙、冢”发现的消息，就引起国内外的重视，相当不平凡的重视。新华社、《人民日报》、中央广播电台都动起来了，中国国际广播电台一定要发表英语专访。为什么？“中华五千年文明曙光”几个大字，牵动了亿万中华儿女的心，引起国外同行的特别重视。谈了多少年的五千年文明古国，为什么现在提出来引起这样广泛的注意，80年代初的历史反思提出振兴中华，就是它的社会历史背景。

二、中国考古学新时期的两个标志

文化与文明的起源这一课题的提出，是我们学科本身发展到今天的必然，这可以用中国考古学新时期的两个标志来说明。

第一个标志，考古学文化区系类型的提出和在实践中的系统化。

1979年正式提出考古学文化划分区系类型问题，是形势发展的需要，学科发展的需要，并已为实践所证明。一个最明显的例子是，燕山南北地区考古课题的提出和进展。当时，考古所内蒙队和吉林大学到河北省张家口开展工作，课题是一个：北方地区的红山文化与中原地区的仰韶文化，纬度相距四五度，中间隔着燕山山脉，它们之间的关系，过去说红山文化是当地细石器文化与以彩陶为重要特征的仰韶文化结合起来的一种文化，但是，它们是怎么结合起来的？是什么社会历史条件？又是通过什么渠道把这两支文化结合起来的？提来提去还是通过太行山东西两侧这个渠道，特别是汾河与桑干河这两条河源所在地的张家口，这里是南北交通的口子。张家口的工作坚持了四年，燕山南北长城地带为重心的北方这个概念就是在这一时期提出来的。1982年以此为课题召开的第一次学术座谈会上，大家看到了仰韶文化与红山文化确实都从这里通过。那次会上，我们得知喀左东山嘴发现了祭坛，就提到，到底是看到了两个文化作用的结果。于是又有1983年辽宁喀左和朝阳的学术座谈会。朝阳会上我们提出，东山嘴的祭坛，在中原那么多同时期的遗址中，在仰韶文化当中，都还没有发现过，它不会是孤立的。东山嘴位置在喀左县城东四公里，这四公里周围再延长三十公里就是六个商周时期窖藏铜器坑的出土地区，如果不是举行重大活动，没有理由把那样的国家重器埋在那里，说明这一带不仅红山文化后期是重要社会活动场所，到三千年前后也还是重要活动场所。那么下一步就应该在喀左、凌源、建平三县交界处继续调查。我们的这些学术观点，通过这样的学术活动，变成了更有生命力的观点，带着这样的认识进行工作，进度就快多了。所以几个月后就有了牛河梁女神庙和积石冢群的发现。等到1984年在呼和浩特市开会时，我们已经可以把北方地区的“三北”古文化区系的界线划出来了：一、辽东辽西当中有个界线；二、锡林浩特到河套是个界线；三、呼和浩特与包头之间也有个界线。这是北方与西北的界线。从包头到兰州永登再到乐都柳湾是一条线，这条线就是大西北的起点，这对我们认识整个中国北方的三大北，即大东北、北方、大西北，也就是对中国面向东亚的这一大块和面向中亚的这一大块有了明确认识。面向东亚的一片与环太平洋连成一片，面向中亚的一块与中亚连成一片，是一半与另一半，东西文化的这条界线清楚了。所以到了1985年11月在山西侯马开会时，我们就敢于说，以仰韶文化为代表的中原古文化体系，从华山沿汾河到了桑干河的河北省西合营，以红山文化为代表的北方古文化体系顺大凌河、西辽河向南延伸到石家庄附近，它们在张家口交汇在一起了。这样，从1982年开始的燕山南北长城地带为重心的北方作为一个考古学专题就有了一个完整概念了。当然，这五年当中，其他各地也开展了类似的活动，如江汉地区、环洞庭湖地区、三峡地区、环太湖地区等。太湖地区古文化的概念比北方又提高了一步，就是在覆盖面基本一致的条件下，从距今七千年的马家浜文化到四五千年的良渚文化和到西周以前的古吴越文化，覆盖面一致，上下年代可以联贯起来，自成体系。

第二个标志是1985年在兴城这里正式提出古文化古城古国问题以来取得了积极进展。集中表现在兴城会后不久，在山西侯马召开晋文化讨论会上，把晋文化作为一个考古学课题正式提出来。周封唐虞的晋国，是北方大国，周王东迁洛阳实际也是投奔晋国，一直到秦始皇统一，晋一直在东方国家中占首位，晋也罢，三家分晋也罢，并未改变这种基本格局，依然是夏商周晋秦。秦统一者，主要是统一了晋也，其他是第二位的。《左传》有“楚才晋用”的记载，为什么楚国第一流人才往晋国跑，大量物资也流入晋国？晋国用什么去交换？晋凭什么有这样大的吸引力？是什么条件促成的？原来晋国所处的桑干河、汾河这条线，把北方的大凌河、关中的渭河串了起来，也就是北方牧业和中原农业、手工业交界的地方，是交通要冲，就是在这条线上，商品经济发达，不仅从铲到布币，就是从刀到刀币也是在这条线上演变形成的。这是政治、经济方面的原因，文化方面的原因则更为深远。从考古学文化区系类型的角度看，从南北两大文化区系交流中看，从六千年左右原始文化到夏商周建立国家到春秋战国上下穿起来看，晋文化发展的背景是中原与北方的交汇，最重要的历史活动是农牧交换，标志是商品货币发达，而条件就是长城地带的条件。晋国虽然西周的色彩很浓，但仍然是个土著国家，当地民族历史文化传统是主要的，晋文化不是周人传统，而是北方传统。只有在北方文化传统下，晋才会掌握上述的优势。这样，我们用古文化古城古国的概念，从古文化到后来国家发展的一系列过程中，看到了晋文化传统的本质和它所起作用的关键，这是过去文献上所无法理解的。可见，只有用古文化古城古国才能真正把考古和文献有机结合起来，得出新的历史概念。这样把晋文化作为一个专门课题提出，时间上从原始文化下到春秋战国，地区也不限于山西。所以那次会后，河北省准备在冀北、河南省准备在豫北找古文化古城古国。我们还建议搞环渤海考古，京津冀北是一摊，辽宁东西是一摊，鲁北同胶东半岛是一摊，辽宁、山东、河北几家联合起来搞，短期内拿出材料，摆出观点来。其他如1984年在浙江嘉兴“太湖流域古文化”会上，提出“马家浜、良渚、古吴越文化”后，到今年纪念良渚遗址发现五十周年间，在环太湖地区发现一系列象征太湖早期文明的良渚土墩大墓群。1984年在成都会上提出“古蜀文化”，到1986年广汉发现三千年古国遗存铸铜人像群等，一系列有生命力的学术活动正在全国各地展开，并迅速取得成果。

新中国考古学的这两个标志，代表了当前我国考古学这门学科的发展水平，也为从微观角度研究中国文明起源打下了基础。

三、中华文明起源的几种形式

什么是文明，对文明如何解释，这不是顶关重要的，重要的是如何认识文明的起源，如何在实践中、在历史与考古的结合中加深对文明起源的认识。文明不是一天实现的，根据我们对现有考古材料的研究，中华文明火花的爆发有几种形式。

头一种像是裂变。举中原古文化为例，仰韶文化的前期阶段，在大约距今六千年前后，统一的仰韶文化裂变为半坡、庙底沟两种类型。在此以前的六七千年间，以姜寨遗址前期为代表，两种小口尖底瓶由发展到成熟，共生同步发展，村落布局完整，三块墓地都在村外，男女有别，长幼有别，不到成年不能成为社会成员，只有成年男女才能埋在氏族墓地，这是母系氏族结构的典型标本，到了距今六千年左右有突变，典型遗址是元君庙，小口尖底瓶相当于姜寨结尾阶段，即由成熟的罐口退化到浅盘口沿。这一阶段姜寨遗址的墓地也由村外转移到中心广场，墓地下层尚保持单人葬传统，但已不如村外墓地整齐，上层压有男女老幼合葬墓，这就突破了原来氏族制男女有别、长幼有别的界限，小孩与成年人埋在一起，没有了辈分的差别，甚至没有了氏族成员与非成员的界限，这是违背了氏族公社的基本原理。原始公社制的破坏就已意味着文明因素的产生。统一的仰韶文化分为两种类型就是在这一转折时期出现的。过去我们没有注意，现在可以清楚地说，这个一分为二，就是出现了以庙底沟类型为代表的新生事物，标志是出现玫瑰花图案的彩陶和双唇小口尖底瓶，这种瓶就是甲骨文中“酉”

字下加一横，也就是“奠”字，表示一种祭奠仪式，所以这种瓶不是一般生活用具，而具有礼器性质。起初以为是大量使用的盛水器，其实数量并不多，在华县泉护村遗址选标本时，只选出一套，选第二套时就不全了，彩陶也一样。庙底沟类型的分布中心在关中，东不过陕县，其典型材料是华县，即玫瑰花图案由完整到松散，瓶由成熟到双唇不起双唇作用，这一演变序列代表了仰韶文化后期的基本特征和基本规律。这个类型完整的遗址墓地材料尚缺乏，但有一点值得注意，就是泉护村遗址南部发现一座成年女性墓，它孤立于其他墓之外，单独埋在遗址聚落南部高地，这个墓随葬大型鸮鼎，其实叫尊更合适，不是生活用具，表明了墓主人的特殊身份，其时代相当于庙底沟类型的末尾。同样，半坡类型元君庙墓地的尾，有一座小孩墓，小孩无氏族成员地位，但埋葬却有特殊待遇，这不是他自己地位特殊，而是他母亲的社会地位特殊，这是对氏族社会的进一步冲击。在此以前就是头人与氏族一般成员也是平等的。前一个是庙底沟类型的，后一个是半坡类型的，两种现象恰恰在同时发生，这种现象产生的背景，在1965年写《关于仰韶文化的若干问题》时，曾提到两种类型是经济类型的不同，现在不妨说，这种区别就意味着第一次社会大分工。在这种社会经济背景下裂变产生新事物，是有生命力的。半坡与庙底沟两个类型虽可并立，但半坡类型对周围的影响远远比不上庙底沟类型。所谓仰韶文化对周围的影响（北到河套、南到江汉、东到京广路以东，西到渭河上游），基本上就是庙底沟类型的分布范围。仰韶文化对周围的影响，实质上就是庙底沟类型的影响，是仰韶文化后期裂变的结果，所以是文明的火花，即距今六千年前后由裂变而产生的文明火花。

第二种形式是撞击。对这一问题的认识是，1979年到1982年在河北张家口的四年工作，就是探索仰韶文化与红山文化的分界点。1982年在蔚县召开小型座谈会得到的结果是，在这里看到仰韶文化庙底沟类型彩陶与红山文化彩陶交错，又与河套原始文化交错，所以称为“三岔口”，其中突出的是北方大凌河流域红山文化彩陶与关中仰韶文化的交错，其特征是庙底沟类型完整的玫瑰花图案，枝、叶、蕾、花瓣俱全，这种图案的分布从华山延伸到张家口，正是一条南北天然通道。红山文化彩陶中特征最明显的是鳞纹，其最早材料见于赤峰西水泉遗址，其演变有头有尾，与庙底沟类型玫瑰花图案演变并行，其向南延伸最远到石家庄、正定一线，与玫瑰花交错是在张家口。1982年蔚县会上同时就考虑到红山文化新发现的喀左东山嘴祭坛遗址，考虑的是仰韶文化与红山文化接触后的后果问题，这也是1983年到朝阳开第二次小型座谈会的目的。经过工作，实际上看到了这两种文化接触后的结果，是产生了祭坛、女神庙和积石冢，还包括玉龙的出现。龙与玫瑰花结合在一起，产生新的文明火花，年代是距今五千五百年左右，这是两种不同文化传统撞击产生的文明火花。

第三种形式是熔合。例证有两个。一是河套地区发现早于五千年的尖底瓶与晚于五千年的袋足器在这里衔接，出现最初形式的斝与瓮。甲骨文中有两个容器形象，一是酉，一是丙，酉字如前所说，就是尖底瓶，是尖底瓶演变的最后形式。单唇口、宽肩、亚腰。丙字是三个瓶结合在一起，形象是鬲的前身（）。这说明，甲骨文这两个字的起源可追溯到距今五千年前，所以是文明的火花。再一个例子是晋南陶寺，时间在四、五千年间，特点是大墓有成套陶礼器与成套乐器殉葬，其主要文化因素与河套、燕山以北有关，也有大汶口文化的背壶、良渚文化的刀俎，文化性质具有特殊性、独特性，是多种文化的融合产生的又一文明火花。

文明是一个民族的灵魂，是认识中华民族的脊梁。我们要充分意识到，今天我们把中华文明起源作为一个重大课题提出来，这既是我们学科成熟的表现，也是我们奋斗的目标和任务。

四、我们学科的目标

从现在起到本世纪末下世纪初，我们这个学科奋斗的目标，可以概括为，第一是复原中华五千年文明古国历史的本来面貌，第二是复原中华民族历史在世界史上的地位，改变传统编写世界史的内容，为振兴中华、为世界的进步做出贡献。上面所阐述的近年我们在文化与文明研究中，从理论与实践的结合上所取得的突破，就是提出这一目标的依据。80年代初提出考古学文化区系类型的理论，是回答中华民族十亿人口、五十六个民族是如何结合成统一中华民族的，这个课题本身在全人类就是独一无二的。中华文明起源问题的提出，目的是要揭示文献以前的历史，这就为历史传说与考古的结合找到一条道路。当我们提出，从华山脚下延伸到大凌河流域和河套地区，再南下到晋南，这一古文化活动交流的路线时，我们并没有引《五帝本纪》，但却与《史记》记载相同，我们是从考古学角度提出自己的观点，再去对照历史传说，就可以相互印证，这不是生搬硬套的比附，而是有机的结合，多少年来梦寐以求的历史与考古的结合终于找到了一条理想的通路。同时，上述中华文明起源的几种形式，也为认识我们中华民族的精神、灵魂开拓了通路，一是有巨大的凝聚力，一是有无穷的创造力，再是有无限的生命力。一浪比一浪高，延绵不断，这是我们民族精神的源泉。我们从考古材料中得出这样的认识，我们就有信心说，我们的工作是可以为振兴中华、为社会主义四化建设服务的。所以，我们讲目标不是空中楼阁，是有充分根据的，从而也是可以预见的。今后，只要我们有计划有目标地进行工作，我们的目标一定能够实现。

（原载《辽海文物学刊》1990年第1期）

中华文明的新曙光

文明史提前一千年是怎么回事?

首先要澄清文化史和文明史两个不同的概念。原始文化即史前文化可以上溯到100多万年前；而文明史则是社会发展到较高阶段和具有较高水平文化的历史。

通常说，中国同巴比伦、埃及和印度一样，是具有5000年历史的文明古国。但是在辽西考古新发现之前，按照历史编年，中国实际上只有商周以后4000年文明史的考古证明。司马迁《史记·五帝本纪》所记载的商以前的历史，由于缺乏确切的考古资料，始终是个传说。而其他文明古国早在19世纪到本世纪初，就有了［距今］5000年前后的文字、城郭、金属等考古发现。从考古学角度看，中华文明史比人家少了1000年。

中国历史自公元前841年起，有文字记载的编年史就没有断过，这在人类历史上是独一无二的。4000年前的商代文明就是无与伦比的，特别是发达的冶炼青铜技术，其质地、形状、花纹，堪称上古文明世界最突出的成就。然而，如果说这就是中华文明的诞生，未免有点像传说中的老子，生下来就是白胡子，叫人难以置信。所以，有些人认为，中国的文明是西来的，是近东两河流域成熟了的文明的再现与发展。可是，考证结果却与这一论点大相径庭：中国商代青铜器铸造用的是复合范（模子），与西方文明古国（包括印度）采用的失蜡法，完全是不同的传统。而且商周文化还有个独有特点，即殷代玉石雕刻，是别个所没有的。

总之，灿烂的中华文明具有自己的个性、风格和特征，迫切需要找到自己的渊源。

为什么至今才找到五千年的证据？

考古学与其他学科一样，是与人类社会发展及特定的历史条件相联系的，也与其他学科的发展相关联。

以田野考古为基础的近代考古学产生于19世纪中叶，而中国考古学作为提倡科学、民主的新文化运动的产物，却只有60多年的历史。

1920年，北京政府矿业顾问瑞典人安特生在河南渑池仰韶村第一次发现了仰韶文化，便被深深吸引住了。从那以后，他用17年的时间探寻这一文明的起源。我国一批考古学前辈也为此做了不懈奋斗。

建国前近30年中，中国考古学初步揭开了旧史书有关古代传说的神秘面目，显示出从原始社会至阶级社会这一社会发展的轨道。建国近40年来，考古事业得到了大发展，新发现的新石器时代遗址大约有7000余处，经正式发掘的也在100处以上，取得了新石器、青铜器和早期铁器时代的大量考古成果。

在中华民族形成这个重大问题上，考古学的认识曾有过偏差。表现为过分夸大中原古文化，贬低了北方古文化。现在看来，把黄河中游称作中华民族的摇篮并不确切。如果把它称作在中华民族形成过程中起到最重要的凝聚作用的一个熔炉，可能更符合历史的真实。

这一认识大大开阔了考古学家观察中华辽阔国土上古代各族人民创造历史真相的视野，开始了从文化渊源、特征、发展道路的异同等方面进行考古学区系类型的划分，为中华文明起源问题研究取得突破提供了可能。

中华文明的曙光是怎样发现的?

1979年5月，辽宁开展全省文物普查试点，在西部大凌河流域的喀喇沁左翼蒙古族自治县东山嘴村发现了一处原始社会末期的大型石砌祭坛遗址。这一发现，启发考古人员在邻近地方寻找其他有关遗迹。几年之后，果然在相距几十公里的建平、凌源两县交界处的牛河梁，相继发现了一座女神庙、多处积石冢群，以及一座类似城堡的方型广场的石砌围墙遗址，发现了一个如真人一般大的彩色女神头塑以及大小不等、年龄不同的成批女性裸体泥塑残块及多种动物形玉、石雕刻，特别是几种形体不同的“玉猪龙”。这些考古发现，说明了我国早在5000年前，已经产生了植基于公社、又凌驾于公社之上的高一级的社会组织形式。在我国其他地区还没有发现相应时间的类似遗迹群。这一发现把中华文明史提前了1000年，但还不是我国文明的起点，寻找比这还早的文明，是下一步工作的重点。

看来，距今4000年前后，是辽西地区社会发展、文明昌盛的时期，它的文化特征是：聚落密集分布在河谷地带，几乎都有防御设施，由一串小城堡组成的群体恰恰分布在战国秦汉时代古长城线上，我们是否可以理解为“原始长城”？由此，也可以对秦长城性质得出新的认识，长城除了防御外，也有个标志两种经济文化类型，即农牧区分界的作用，长城内是农区，长城外是牧区，长城也不应理解为当时的北疆。

辽西考古新发现的意义何在?

辽西考古这项新发现之所以特别引起海内外专家学者以及亿万华人的关注，原因是多方面的。第一，它们明确无误地属于一向认为是新石器时代，大致和中原仰韶文化相对应的一种分布在燕山南北、长城地带的红山文化的遗存，而在仰韶文化大量遗址中却还从未发现过类似的遗迹。第二，从喀左到凌源，横跨几十公里范围内，除掉这类特征鲜明的遗迹之外，极少同一时期一般聚落或墓地，例如，已揭露的几处所谓“积石冢”，确切地说，是建在特地选择的岗丘上，主要用作埋葬一些特殊人物，可能同时又是进行某种祭祀活动的场所，它们普遍保留下来的与东山嘴那处祭坛颇相近似的遗迹遗物就是明证。第三，在同一范围内发现的6处埋藏成组大件商周之际青铜礼器坑，按东北—西南方向连成一线，达几十公里，这又进一步说明该范围内曾至少在两三千年间作为原始宗教性的社会活动场所。女神庙近旁发现的冶铜遗址同样说明这一地段的特殊性。

从1979年最初发现东山嘴祭坛，到1983年经过第一次论证会后所获一系列重要发现，其间经过了八九年时间，目前工作还在继续中，资料的积累消化要有一个长期过程，问题的研究认识也要逐步深入，对“凌源—建平—喀左”三县交界的小三角范围内已揭露出的诸重要遗迹现象的进一步工作与研究，没有三五年时间不成。我曾把这项工作比作一头牛，我们现已掌握的材料仅只是有如牵住牛鼻子，最多不过是看到牛的头部，整个牛身还在后边。全牛的形体大致包括从辽西走廊的医巫闾山以西到七老图山以东，中间是努鲁尔虎山，三县交界的小三角位置正在它的南端，向北放射呈扇面形。地理范围：东侧是大凌河流域的阜新、朝阳两市；西侧是老哈河流域的赤峰市（昭盟）。1987年在敖汉旗揭露的同一时期“城堡型”遗址，呈“凸”字形，总面积3万余平方米。这又是一个新的突破。如果说“小三角”的坛庙冢的发现可称作文明的曙光，谜底的揭露也为期不远了。

要回答这问题还应向更深、更广的时空范围进行开掘。

第一个层次：在上述空间，即一条山梁（努鲁尔虎山）、两条河流（大凌河、老哈河）和三个地、市（朝阳、阜新、赤峰）范围内，远自前红山文化的“兴隆洼—赵宝沟”类型（约距今8000年至距今6000年）下至秦汉统一前的燕文化（公元前一千年代），过去我们曾把这一带远古文化用两种新石器文化（红山与富河）、两种青铜文化（夏家店下层与夏家店上层）加以概括。实际上，现在越来越清楚，这提法还是过于简单化了。不论是从中国民族文化体系基础结构的形成，还是从中国文化传统的连绵不断这两种不同角度进行分析、观察，这里给我们的启发太多、太重要了。专讲些有关龙类形象的出现与发展吧。

红山文化坛庙冢所出多姿多彩的玉雕猪龙具有很高的工艺和艺术水平，而在它之前千余年赵宝沟—小山类型文化中已有长期的发展历史，并已出现达到神化境界的陶器刻划麟（麒麟）与龙在云端遨游的图案（图一）。甲骨文中龙字的多种形态，以及殷墟妇好墓出的玉雕龙可以大致追溯到距今5000—3000年间的龙形变化过程。燕下都出的大量所谓“饕餮纹”瓦当，似乎使我们不能简单地理解为就是从殷周文化承袭而来的。道理也简单，燕式鬲既可以追溯到相当夏商之际的夏家店下层文化，这种饕餮纹瓦当为什么不可以是源于燕山南北的古老传统？

由此可见，远自距今约8000年以来的兴隆洼—赵宝沟类型到距今约2000余年的燕下都，上下五千年，燕山南北地区，由于一个“凌源—建平—喀左”小三角的新发现，使我们不能不刮目相看，它涉及到中国历史上两大课题（中国统一多民族大国如何形成的和中国五千年文明连绵不断的奥秘和轨迹），意义重大，不可不认真对待，花大力气，搞个水落石出。

第二个层次：把上述空间（燕山南北）放到更大的范围内，即把以燕山南北、长城地带为重心的北方和以晋南、关中、豫西为中心的中原两大古文化区系连接起来，进行横向研究，从宏观角度就各个历史阶段、不同地区性文化之间的相互关系、影响、作用及其后果等方面，考察和衡量辽西考古新发现的意义。在此范围内（北方与中原两大文化区系）近十来年内许多重要发现几乎是和辽西这一新发现同步展开的。其中有些重点工作（如冀西北张家口蔚县西合营、晋中太谷白燕两地1979—1982年间的发掘）是特为追踪两者的中间环节而进行的。到1985年初告一段落，提出辽西古文化古城古国的论点，

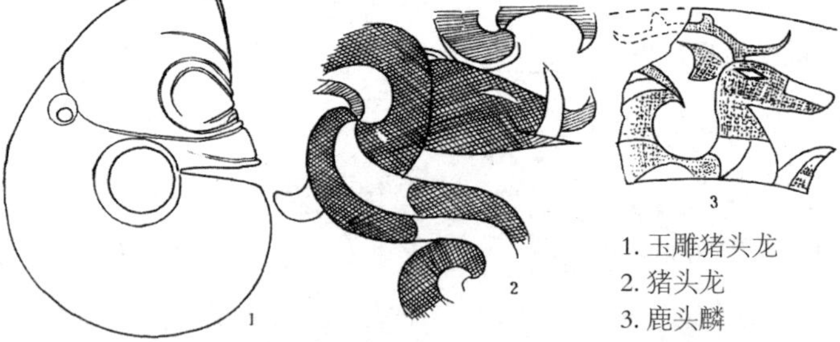

1. 玉雕猪头龙
2. 猪头龙
3. 鹿头麟

图一　红山文化的玉雕龙和赵宝沟文化的陶器刻划龙纹图案

又以晋文化考古为题，阐述从关中西部起，由渭河入黄河，经汾水通过山西全境，在晋北，向西与内蒙古河套地区连接，向东北经桑干河与冀西北，再向东北与辽西老哈河、大凌河流域连接，形成“Y”字形的文化带，它在中国文化史上曾是一个最活跃的民族大熔炉，又是中国文化总根系中的一个重要直根系，我们还能从这一地带古文化发展中一系列连贯的“裂变—聚变—裂变”中认识到中国文化发展的辩证法。为了扼要地向参加晋文化讨论会[①]的朋友们介绍这个总概念，当时画了一张示意图（图二），用“Y”字形示意图标明几处重要地点。还诌了四句七言诗，烦张政烺教授即席篆写悬挂墙上，作为讲话提纲，现抄录如下：

华山玫瑰燕山龙，
大青山下斝与瓮。
汾河湾旁磬和鼓，
夏商周及晋文公。

① 晋文化讨论会，1985年11月在山西侯马举行，苏秉琦先生作了《谈“晋文化”考古》的讲话，刊于文物出版社为纪念该社成立三十周年于1986年12月出版的《文物与考古论集》。山西省文物考古研究所于1985年出版了《晋文化研究座谈纪要》文集。

讲话落脚点自然是晋文化渊源。论证的核心部分正是依据辽西新发现，这就在更高层次上阐述了对这一系列考古新发现的新认识。

“华山玫瑰”：指的是源于华山脚下仰韶文化的一个支系，它的一部分重要特征是重唇口尖底瓶和一枝玫瑰花图案彩陶盆。

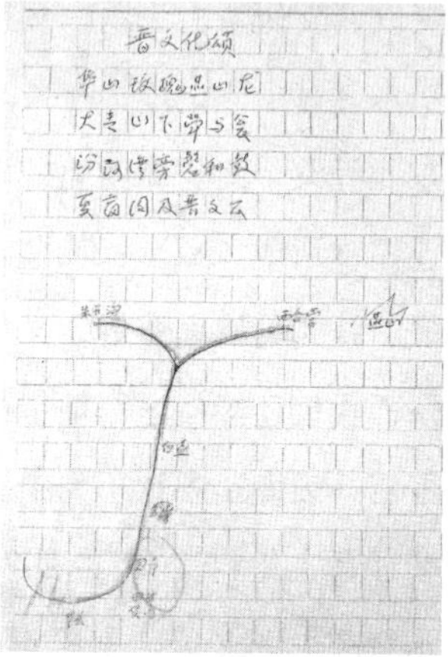

图二　“Y”字形文化带示意图

“燕山龙”：指的是燕山北侧大凌河流域红山文化的一个重要特征——龙（或鳞）纹图案陶器（或玉器）。

仰韶文化的关中一个直根系统曾经历过两次裂变。第一次分化出一个以壶（罐）形口尖底瓶和鱼纹图案彩陶盆为其主要特征的支系（图三）；第二次分化出一个以重唇口尖底瓶和一枝玫瑰花图案彩陶盆为其主要特征的支系（图四）。

源于大凌河流域的红山文化前身则曾有两个支系：其一是产生“之字纹”压印纹筒形罐的母体；其一是产生“篦纹”压印纹筒形罐的母体。二者曾经先后两次发生聚变产生两个新的支系：其一是以包含刻划麟（麒麟）和龙纹罐为其突出特征；

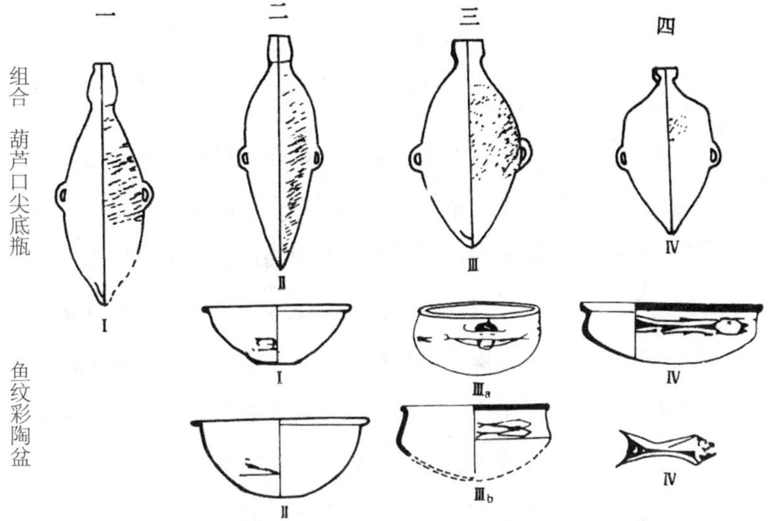

图三　仰韶文化半坡类型典型器类发展序列

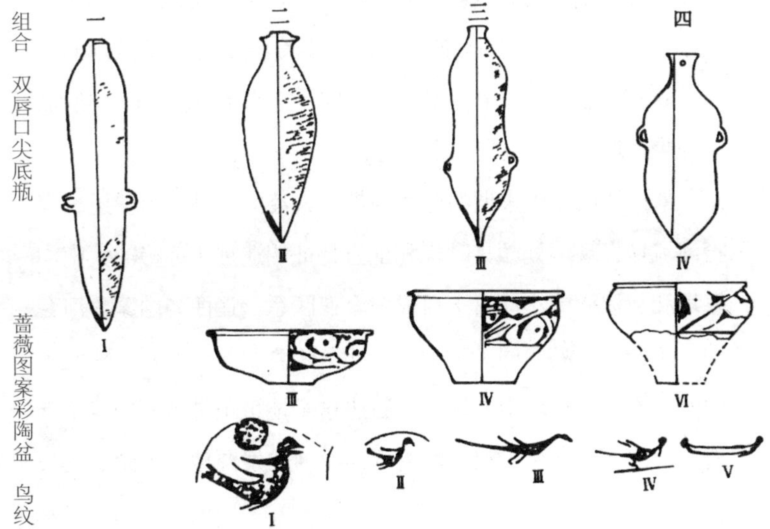

图四　仰韶文化庙底沟类型典型器类发展序列

一是以包含鳞纹彩陶罐为其突出特征。

北方的红山文化与中原的仰韶文化在各自第二次演化（聚变或裂变）出的两个支系约当距今五六千年间在冀西北桑干河上游交错相会。这就是辽西新发现红山文化坛庙冢产生的历史背景，而后者正是北方与中原两大文化区系在大凌河上游互相撞击、聚变的产物。这也是我们从宏观角度对辽西新发现意义的认识。以上是对第一句“华山玫瑰燕山龙”的解释，也是提出中华五千年文明曙光论点的依据。

“大青山下斝与瓮”以下三句是什么意思呢？

从距今5000年左右到距今2500年左右期间，中原与北方两大文化区系间既有大致同步发展的一面，又有类似的错综复杂难于梳理的一面。但仔细分析，不难看出二者实有微妙的差异。特别是在我们前边所讲的大“Y”字形的北方——中原联结地带。这就是后三句的全部含意。

紧接红山文化末期的辽西地带，大凌河流域材料贫乏，老哈河流域发现两处颇具时代和地方特征的遗址（赤峰的大南沟墓地和敖汉旗的小河沿）自成一个亚区系。辽西与内蒙古河套地带（伊盟、乌盟间）加上“三北”（冀西北、晋北、陕北）中间隔着锡盟这块中间地带。后边这个地带正是黄河的几个支流（混河等）、桑干河、滹沱河与汾河的发源地或上游。这一地带又形成独具一格的亚区系。由此往南，直至晋南的曲沃—夏县一带，晋中（太原附近）是它和前者的中间地带，形成第三个亚区系。

把这三个亚区系联成一片，和中原同时期对比，上下二千几百年间，确有若干衔接环节是中原地区所难于理解的。例如：

——伊盟准格尔旗发现晚期小口尖底瓶（从绳纹过渡到篮纹）与早期斝类（从绳纹过渡到篮纹）并行迹象；

——赤峰、敖汉两地发现的彩陶与彩绘黑皮陶衔接迹象，鳞纹过渡到原始雷纹迹象，红山文化“之字纹”压印纹后期形成的“类篮纹”与真正拍印篮纹衔接迹象；

——从尖腹底斝经过斝鬲（过渡型）到真正由三袋足拼接而成“腹足不分”的鬲的全过程；

——“真鬲”出现后，经过约千余年间演化过程，直到西周初期这一带还保留着自己的传统特征，腹与袋足间留有清晰界线。

这不仅说明晋文化有其自身传统历史背景，还说明这条北方—中原联接地带既有活跃的民族大熔炉性质[①]，又具有比中

① 从距今5000年左右，到距今3000年左右在河套至曲沃地区，一系列社会文化发展变化均具有明显的聚变特征。

原相对稳定的、连绵不断的文化传统特色。秦汉统一前的几千年如此，秦汉统一后的两千年更为明显。

中国文化起源问题、中国文明起源问题、我国统一多民族形成问题、中国文化传统问题的深入探索将永远会给我们以启迪，从野蛮到文明是社会发展史问题，又是我国各族人民曾经实实在在经历过的历史问题。回答这个问题，第一条，要从我国历史的、现实的实际出发；第二条，要目的明确，为了我们的明天，更为了我们的今天社会需要；第三条，要方法对头，只有应用唯物辩证法才能回答中国历史的辩证法发展，只有它才会真正给人们以有益的启示。愿与同行及一切朋友们共勉之！

（原载《东南文化》1988年第5期）

关于考古学文化的区系类型问题

考古学文化的区、系、类型问题，是我国考古学，特别是新石器时代考古学的一项基本任务。

1979年4月，在西安召开的全国考古学规划会议上，我们曾经提出这个问题，目的在引起各地的同志们在今后的工作中予以重视，并适当地把它列入今后的工作计划之中。这里，我们对这个问题再做些探讨，以期与同志们进一步讨论。

关于我国考古学文化的区、系、类型的划分，是我国考古工作获得飞跃发展后提到我们面前的一个新课题。

近代考古学在中国出现的时间并不长，但这一学科获得的发展却相当迅速。特别是新中国成立以来，考古发现无论从上下所跨的时代还是从涉及问题的广度来说，都是空前的。很多空白已被填补，不少重大的课题被提到我们的面前。我国的考古学已经初步建立起自己的体系。这一切都表明我国考古学的发展已经进入新的阶段。这是我们今天提出探讨区、系、类型这一课题的前提。

以新石器时代考古来说，解放前的工作主要局限于黄河流域的少数几个地点，而且工作很不深入。例如仰韶文化和龙山文化的特征、分期、分布、时代等都不是很清楚的。新中国成立以来，全国发现了大批新石器时代遗址，不少遗址已经试掘或正式发掘。已被命名的考古学文化有数十种之多，其中有些文化的内涵、分期、年代等都了解得比较清楚。碳十四测定年代的方法和其他自然科学手段应用于考古学，为建立比较可靠的史前时期的编年起到重要的作用，从而使这一时期的研究工作置于可靠依据的基础之上。在这种情况下，做一些基础性的研究，组织并推进一些重大的学术课题的研究，将有助于我们事业的发展。

在我国辽阔的国土上，迄今发现的新石器时代遗址有六千处之多。它们的时代绝大多数是距今七千至四千年间的遗存，就其文化面貌来说也诸多差异。这些差异与变化意味着什么呢？在已经命名的数十种考古学文化中，除了一部分可能存在前后继承的关系外，其他各种考古学文化溯其渊源又是什么关系呢？

过去有一种看法，认为黄河流域是中华民族的摇篮，我国的民族文化先从这里发展起来，然后向四处扩展；其他地区的文化比较落后，只是在它的影响下才得以发展。这种看法是不全面的。在历史上，黄河流域确曾起到重要的作用，特别是在文明时期，它常常居于主导的地位。但是，在同一时期内，其他地区的古代文化也以各自的特点和途径在发展着。各地发现的考古材料越来越多地证明了这一点。同时，影响总是相互的，中原给各地以影响；各地也给中原以影响。在经历了几千年的发展之后，目前全国还有五十六个民族，在史前时期，部落和部族的数目一定更多。他们在各自活动的地域内，在同大自然的斗争中创造出丰富多采的物质文化是可以理解的。

目前还有这样一种倾向：即把某种考古学文化与文献上的某个族人为地联系起来，把它说成是××族的文化。从长远来说，进行这样一项工作可能是研究工作的一个方面；但在现在，在对各地的考古学文化的内涵、特征、与其他文化的关系以及上下的源流等的认识还很不充分，还不具备做这种探索或考订的时候，似应先做些基础性的研究，积累起必要的原始素材，以备为进一步的研究工作打下牢固的基础。

为了进行考古学文化的区、系、类型的划分，各地同志应立足于本地区的考古工作，着力于把该地区的文化面貌及相互间的关系搞清楚。要选择若干处典型遗址进行科学的发掘，以获取可资分析的典型材料。然后，在准确划分文化类型的基础上，在较大的区域内以其文化内涵的异同归纳为若干文化系统。这里，区是块块，系是条条，类型则是分支。经过一段时间的努力之后，有关区、系、类型的课题必将会出现突破并取得重要成果。

迄至目前为止，我国已有二十四个省、市、自治区发现了旧石器时代的遗存。这说明，早在一万年前，我国很多地方已经适合于人类的生存、繁衍，因而留下了他们进行生产劳动的踪迹。到了新石器时代，人们活动的领域更加广阔了，他们在征服自然界，进行物质资料的生产方面跨出了重要的一步。假如我们拿这一时期的遗址分布图与今天的人口分布图加以对照，就不难发现：我国今天的人口稠密区恰恰也是古遗址分布比较密集的地区。这种情况是耐人寻味的。

不过，人们活动地域的自然条件不同，获取生活资料的方法不同，他们的生活方式也就各有特色。这样，在他们的产品，即我们今天接触到的生产工具、生活用器以至其他遗存所表现出的差异也就可以理解了。当时，人们以血缘为纽带，强固地维系在氏族、部落之中。这样，不同的人们共同体所遗留的物质文化遗存有其独特的特征也是必然的。今天我们恰可根据这些物质文化面貌的特征去区分不同的文化类型，通过文化类型的划分和文化内涵的深入了解以及它们之间相互关系的探索，达到恢复历史原貌的目的。

由于各地区考古工作的发展很不平衡，要在今天对全国的考古学文化进行区、系、类型的详细划分，难度是相当大的。不过，假如我们以已公布的材料为依据，以典型的发掘材料为骨干，借助于调查试掘的材料，那么我们在目前的人口稠密地区内，依各地区文化内涵的差异和特点、它们的发展道路（阶段性和规律性）及其源流等方面，可以划分的区域当不下十块之多。这里，我们试对这些地区的文化面貌做一些简单的分析，跟同志们一起讨论。

一　陕豫晋邻境地区

这个地区是历史进入文明时代以来我国的腹心地区，也是仰韶文化的主要分布区。这里工作做的较多，材料比较丰富，但问题也不少。不过，就我们所要讨论的这个问题而言，有些现象是很重要的。例如丁村遗址中的出土物，与山西境内其他不同时期的旧石器时代遗存在文化面貌上有不少共同之处。有趣的是丁村遗址（汾河西岸）中也有细石器，层位关系清楚，距今二万六千年以上，是迄今发现最早的细石器。它与沁水下川的细石器遗存，在文化面貌上也有连续性。尤其值得注意的是：无论中条山北侧的西阴村，还是南侧的东庄村、西王村以及垣曲境内发现的仰韶文化遗存中，除其他特征有相似之处外，都含有细石器。这或可说明山上山下的文化之间具有承继关系，应在今后的工作中注意探寻。

至于仰韶文化，虽然武安磁山、新郑裴李岗或华县老官台都发现了距今七八千年的较早遗存，为探讨仰韶文化的起源提供了线索，可是迄今只有宝鸡北首岭遗址的下层遗存，从地层与器物两个方面提供了较直接的可资讨论的资料。

众所周知：半坡类型与庙底沟类型文化都是各有特点并经历了很长一个阶段的古文化遗存。华县泉护村、元君庙和临潼姜寨等地的发掘，进一步揭示了它们的内涵。在这两种类型的遗存中，都有小口尖底瓶（它们的形制各有特点）和彩绘的装饰花纹（主要是鱼、鸟、花卉，多为黑彩）。它们各为该两类型的代表性器物，并在阶段性变化中各具特征而可以排出序列来。但从北首岭下层到中、上层的材料中看到，这两种不同形制的小口瓶却是共生平行发展的。不过，在经历了一段时间之后，约在庙底沟类型的后期，两者又逐渐统一起来，而为另一种新的文化型所代替。

在豫北、冀南地区，被称为后岗类型和大司空村类型的两种遗存，也不排除与半坡、庙底沟类型文化发展过程中出现的类似情况。问题在于它们本身的发生、发展（分期）与相互关系等，都缺乏必要的材料可以说明。更不能因磁山、裴李岗在这一地区，就简单地把它们说成是这两种类型的前身，因为还缺乏如宝鸡北首岭那样的材料。

南阳—襄阳地区的仰韶文化遗存也有特色。典型器物中的罐形釜不饰绳纹；高颈小口瓶的变化与庙底沟类型相似，但自有特点；鼎、圈座自成序列。彩陶花纹中的阴阳三角纹、叶瓣纹也自成序列。镇平也发现了与裴李岗类似的早期遗存，可以推断该地区的古代文化有其源流，并经历了独特的发展过程。

二　山东及邻省一部分地区

围绕泰山发现的被人们称为大汶口文化和龙山文化的遗存比较密集，这一地区也是我国一个重要的古文化中心。有一个时期，因为工作做的不多，认识不深，出现了孤立地对待这两种文化的情况。在两者的关系方面，概念也很含糊。就它们的范围来说，被不恰当地夸大了。近几年来新发现的材料，使我们对大汶口—龙山文化的认识逐步明确了。它们分布的范围基本上围绕着泰山，并且自成一个系统。

大汶河上游的新泰，曾经发现过旧石器地点。但是这方面的工作做的太少，所以对大汶口—龙山文化的起源还很不清楚。不过，兖州西桑园等地发现的新石器时代较早的遗存，为我们最终解决这个问题缩短了距离。特别是近年在大汶河北岸、兖州王因和滕县北辛这三个遗址的发掘，证明它们的遗存可以相互补充。北辛是类似磁山、裴李岗那样的单独存在的代表；王因遗址的下层则类似北首岭下层那样提供了两者间衔接关系的线索；而在大汶河北岸遗址则找到了王因—大汶口（专指已发表报告的河南岸遗址）两者间衔接关系的线索，这样，就可以把大汶口文化的上限推至距今七千余年。

我们从器物的形态上看到，北辛的典型器类如堆纹带腰釜跟王因等大汶口文化中的釜形鼎的发展序列互相衔接。这种鼎则一直延续到大汶口文化的后期，是大汶口文化中的代表性器物之一。北辛发现的三足杯，不仅与王因遗址的三足杯可以衔接，近年的工作成果还表明，大汶口文化中的三足杯和它后期出现的高脚杯，都与龙山文化中常见的黑蛋壳陶杯连接起来。至于鬶的变化，是从实足变为空足和袋足。在大汶口文化的中晚期，这三种器形曾共存过一段；后来，尤其到了龙山文化时期，鬶的器形才变为空足和袋足两种。由于在几种器类上都能看到这样一些变化，因而使这两种文化之间本来很模糊的关系逐渐清楚了。不过，综合这一地区的文化遗存，可以看到两者的活动中心却并不完全一致。大汶口文化的分布以泰山为中心。龙山文化最初发现的蛋壳陶虽然是在历城的城子崖，但它的老家却在鲁东南的临沂、昌潍地区。

大汶口—龙山文化的特征十分突出。除了陶器以外，生产工具中以出土大量石铲而引人注目。这里出土的石铲从早到晚，由厚变薄，越做越精。

但是，山东境内的新石器时代遗存并非仅此一个系统。胶东半岛的古文化遗存就另有特色。虽然这一带的考古工作比较少，材料比较零散，但从半岛顶端的荣成到黄县的沿海一侧遗址中看到，农耕工具很少出土，陶器中筒式的夹砂陶使用类似铆钉状附件作把手，甚至到了铜器时代还保持了这种传统痕迹——在同类器上加有泥饼。假如把长岛的出土物与辽东半岛上旅顺郭家村和长海广鹿等地的出土物加以比较，却可发现两者有很多相似之处。例如，在长岛缺乏农耕工具，而大量使用鲍鱼壳作工具，甚至打制或磨制的石刀，形制也与鲍鱼壳相近似。这种工具既利于切割，也便于刮削。此外，辽东半岛的两处遗址虽似缺乏用鲍鱼壳制作的工具，但是，却大量出有类似前者的石刀。这种情况，应与当时的生活方式有关。

不能低估这一地区的生产力发展水平。山东发现的商周青铜器地点，以胶东一带为最多。烟台地区十七个县市中，有十三个出有商周青铜器。不过，与偃师二里头、郑州二里岗相似的早商遗存却只在济南一带发现。这或可说明，山东及其邻近地区的古文化发展是经历了独特的道路的。

三　湖北和邻近地区

这里的考古学文化以它们的特征和变化情况及分布地域大致可分为三块：汉水中游地区；鄂西地区；鄂东地区。

属汉水中游的南阳、襄阳地区的仰韶文化，上面曾经提到过，它们的特征是很突出的。这里是仰韶文化的边缘地区，处于长江与黄河两大流域的连结点上，是很值得重视的。

宜昌及其周围的地区，新石器时代文化的面貌也很有特色，并有其自己的渊源。命名为大溪文化的巫山大溪及县城下压的遗址就有时代较早的遗存，而宜都红花套、枝江关庙山等遗址所包含的不同时期的文化层，表明它们经历了很长时期并且自成系统。例如：盂簋类器、盘豆类器都具有高、低圈足两种；支座、圈座、器盖的形制富于变化；器物上压印有点、圆圈、方格等几何纹样，彩绘的绹索纹从早到晚自成系列。

鄂城周围的鄂东地区是尤为重要的一块。虽然过去在几个地点（京山屈家岭、黄冈螺蛳山、武昌放鹰台、天门石家河等）做过一些工作，但材料较少，本身分层分期有困难，它们的相互关系缺乏深入分析的条件。不过，如参照其他两个地区的材料也可以看出它曾经历过同它们大致类似的几个阶段。如富有特色的细泥薄胎光面陶杯、碗、高颈壶、彩绘纺轮等，器表的彩绘纹样中圆点和罗网纹的变化都有规律可寻。

这三个区域的文化遗存既有区别又有联系。从物质遗存的比较研究中可以发现，一个区域与另外两个区域的相互影响、渗透比较清楚。距今约五千至四千年期间，鄂东这一块文化的发展，对其他两块的影响给人以深刻的印象。这里迄今出有商周青铜器地点和遗址，多在洞庭湖周围和古云梦泽的东侧（即在屈家岭文化分布区的东南侧）。无论是新石器时代的遗址还是商周时期的古文化遗址在这里都相当集中。特别值得一提的是，近年在这一地区发掘的大量春秋时期楚墓所出随葬陶器组合中颇具特色的高颈壶与高脚“鼎—鬲”或称“楚式鬲”（在鬲的三个实脚外再附加柱状脚构成似鼎的鬲）。前者可以追溯到屈家岭文化，后者可以追溯到商周以前的同类器，说明这一地区文化源远流长。

四　长江下游地区

过去对这一地区的历史发展状况认识不足。近十多年来的工作，使人们认识到这里也是我国重要的古文化中心之一。从这一地区古文化面貌的差异及其分布的情况来看，似可分为三个区域：宁镇地区；太湖地区；宁绍地区。当然，它们之间既有差别，也有联系。

1. 太湖地区的材料较多，对它的重要性认识也比较清楚。先后发掘的几批材料，揭示了这一地区独特的文化面貌和它们的变化情况。

对这一地区古文化遗存认识的过程与黄河流域下游的情况很相似。这里也是先认识时代较晚的良渚文化，后认识时代较早的马家浜文化。吴县草鞋山、张陵山等地提供的地层关系以及后来在桐乡罗家角的发掘，证明这里的早晚关系为马家浜文化—良渚文化—青铜文化，而且它们之间有很密切的关系。以溧水神仙洞为代表的洞穴堆积，为探索这一地区新石器时代早期遗存提供了线索。至于早到距今七千年前的、以及晚至四千余年前的新石器时代文化面貌和它们的变化情况也粗知轮廓了。马家浜文化中的陶器自有其组合，如宽平檐腰带的釜，有类似腰带的鼎、豆、壶以及大穿孔石斧（钺）等等。中期阶段可以青浦崧泽遗址的主要遗存为代表，再后是良渚文化。

围绕太湖附近，古文化遗址的分布相当密集。它们在各个不同阶段中分布情况是否有规律，当然也需要考虑。我们注意到包括马家浜文化—良渚文化的多层堆积遗址集中分布在太湖东北侧，在太湖东南侧则良渚文化比较发达，位于太湖西南侧的浙江嘉兴地区则发现商周青铜器的地点较多，有的出在良渚文化—几何印纹陶遗址附近（多数出在几何印纹陶遗址附近）。这类遗址多是几何印纹硬陶与釉陶或原始瓷共生，青铜器具有当地铸造的特征，釉陶或原始瓷的特征更为明显。

2. 宁绍平原的早期遗存以余姚河姆渡下层为代表，时间与马家浜文化相当。它的文化特征明显，如陶器组合中缺乏鼎、豆，使用的炊器多为有子母口的圜底釜（有支垫），水器为带流的盉。这些器物都各有其变化的系列。生产工具也很有特色，如骨耜和小型的石凿、石锛等。马家浜文化中多见的大石斧钺，这里仅在后期出现。这种文化可能自有渊源。种种迹象表明，在稍后阶段，这里与太湖地区古文化的关系更为密切。这一地区也有良渚文化和几何印纹陶的遗存，而且越到后来，两者的关系也越密切。

3. 宁镇地区的南京北阴阳营遗址的出土物很有特色。陶器中有罐式鼎、带把鼎、盉、盂、盘、豆等等，它们也自成组合。生产工具中的有肩石铲、有肩石斧、新月形石刀等与其他地方的同类器有明显的差异。虽然还没有发现比它更早的遗存，但当不排除有其自成系统的可能。在发展过程中也有类似崧泽那样的阶段。最近在安徽潜山薛家冈遗址发现了相当于北阴阳营这一阶段的遗存，特征也多相近，表明该文化类型的分布，西北部已到达今安徽省境。北阴阳营上层有几何形印纹软陶、硬陶和釉陶等等，突出的是还出有类似偃师二里头、郑州二里岗时期的陶鬲和镞、刀等小件青铜器。这或许跟它处于南北通道有关。类似这样一种现象在鄂中、湘西也能看到。

五　以鄱阳湖—珠江三角洲为中轴的南方地区

这一地区从现在提供的情况看也可分为三块：

1. 赣北地区已知时代较早的有万年仙人洞遗址。它有上下两层堆积，典型器物的变化序列反映了这一地区新石器时代较早的两个阶段。它的特征主要是几何印纹陶的萌芽，下层只出单一的夹砂陶。时代当在距今七千年以前。

修水山背、清江筑卫城与吴城等地的遗存，在年代上不能与万年仙人洞遗址相衔接，但估计其间的差距是工作上的缺环，而不是实际上的空白，因为在这一地区的东、西、南三面都有距今七千至五千年间的遗存。筑卫城的几何印纹陶相当发达，一直晚至商周时代，陶器上盛行的印纹包括三类：①圆点、圆圈、重圆圈；②方格、菱形、回纹、重菱形、米字形纹；③平行曲折线纹和雷纹等。这三类花纹都有其变化的规律。几何印纹在距今五千至三千年间是最发达的阶段，以后或趋于简化，或立体化了。大约在距今四千年前后，这里也进入青铜时代。

2. 北江流域也有类似万年仙人洞下层的堆积，如在始兴玲珑岩发现了在胶结层中包含单一夹砂陶和打制石器的遗存。马坝石峡发现的稍晚的遗存，特征明显，有阶段性变化。工具中有肩、有段的锛、镢、铲等自成系列；陶器组合上，盘形鼎、带盖豆、平底圈足或平底三足盘等都很有特色，并且自成系列。在石峡还能见到晚至商周时代的遗存，其中的青铜靴形斧尤为突出。

3. 珠江三角洲一带也有新石器时代较早的遗存，南海西樵山是一处很有希望的大遗址，可能包含旧石器时代晚期和新石器时代早晚不同时期的遗存。打制、琢制的石器大量存在，可惜缺乏进一步分析的条件。佛山河宕遗址的时代约与石峡相当，但没有看到时间较早的青铜器。可是汕头地区的饶平发现了相当早商时代的铜戈、玉戈、石戈，还有釉陶尊。韶关地区和汕头地区出土的石戈，从最原始的无阑戈到有阑的戈，其发生发展的过程是中原所没有见到的。

六　以长城地带为重心的北方地区

这里由东向西可分为：1.以昭盟为中心的地区；2.河套地区；3.以陇东为中心的甘青宁地区。

在昭盟，历年来发现的两种新石器时代文化遗存与两种青铜文化遗存有交错存在的情况，使我们对这一地区的认识比较清楚了。这对了解我国北方地区的古文化面貌及其发展是一把钥匙。

红山文化与富河文化的交错地带在老哈河和西拉木伦河一带。这两种文化在这一带有早晚之分，但从分布来说，红山文化向西南延伸；富河文化则向东北方向延伸。虽然红山文化与仰韶文化有关，但各有渊源，不能混为一谈。它的较早阶段跟半坡、庙底沟类型的时间差不多；更早的遗存，在沈阳新乐等地的发现给我们提供了线索。但是，真正足以代表红山、富河两种新石器文化的早期或其原始阶段的遗址是什么样子，还有待今后的工作予以回答。

这里发现的两种青铜文化——夏家店下层文化与夏家店上层文化——也在赤峰附近交错。近期在赤峰附近的小河沿、石棚山这两个遗址的发掘，提供了红山文化后期可能与夏家店下层文化相衔接的线索。那么，富河文化是否也有可能与夏家店上层文化衔接呢？就这两种文化的分布范围和时间来说也不无可能。这只能留待今后工作中给予解决。比较清楚的是：敖汉旗大甸子遗址清理的大批夏家店下层文化墓葬，所用的彩绘陶器具有礼器的特征，彩绘的图案自成系列，表明这是该地区土生土长的一种文化。出土的青铜器标志这一文化已经进入青铜时代，而且物质文化的发展达到了较高的水平。这一文化实际所跨的时间要比目前碳十四测定的两个年代数据要长。

河套地区，巴盟、乌盟曾发现出有旧石器的地点多处，其中最重要的一处是位于呼市东郊的大窑村。这多处旧石器地点属旧石器时代的不同阶段。有一种龟背形刮削器，它的器型和加工方法有其特色。大窑村遗址土坡下属全新世的土层中出有细石器——石刀、柱状石核、刮削器、尖状器等，它们与新石器时代的细石器很相似。同当地黄土层底部角砾层的旧石器文化晚期遗存可能有渊源关系。这种堆积情况也同晋南地区的丁村汾河西岸相似。

新石器时代遗址发掘的不多。现已发现两种含彩陶的新石器时代遗址和两种不含彩陶的晚期新石器文化遗址邻近并有交错的现象。前者的代表性遗址，一在乌盟的清水河，出有花叶纹、鱼形纹彩陶和壶形口和双唇小口尖底瓶；一在乌盟的托克托，出方格网纹、锯齿纹彩陶，无小口尖底瓶。后者（两种不含彩陶的晚期新石器文化）的代表性遗址，一在伊盟准旗，典型陶器组合是鬲、盆、高领罐；一在伊盟的伊金霍洛旗，代表性的陶器组合是斝、鬲、豆、单耳罐、双耳罐等。鬲的特征是在扁平鋬着壁处加铆钉状小泥饼，还有铜锥同出。晚期还出有青铜刀和早期商式鬲共生。近年在晋西北、陕东北临近黄河的地带发现出商周青铜器的地点多处，大多有过去所谓"鄂尔多斯式"特征。这说明，该地区出现青铜器的时代也比较早。

对该地区的文化遗存虽然要注意它与中原同时期文化有类似的一面，但对其独特的一面应给予更多的重视，不能简单地把该地的文化理解为从中原传过去的。

以陇东为中心的甘青宁地区，近几年来有不少重要的发现。在秦安发现的典型堆积层次，表明这里有和宝鸡北首岭下层类似的较早遗存和包括仰韶文化不同时期的层次，而且看到了仰韶文化后期与马家窑文化衔接的线索。至于马家窑文化诸类型的关系，其细节还有不清楚的地方。应该看到：陇山（六盘山）东西两侧古文化的发展道路是有差异的。在东侧，继仰韶文化之后发展起来的是以客省庄二期为代表的新石器晚期文化。在西侧，继仰韶文化之后发展起来的则是马家窑文化和有关诸类型以及齐家文化的遗址。因此，在考虑陇山两侧古文化的渊源时，如果简单地归为同源显然并不妥当，应在积累更多的科学资料的基础上再予推定。这一地区青铜文化的类型更加复杂，详细情况这里不再叙述。但要指出的是，这里进入青铜时代的时间并不晚于商代。根据现有的线索，倒可以认为它是我国又一个较早发明青铜器的地区。

在对我国人口密集地区的古代文化的区、系、类型做了以上探讨之后，我们还应补充以下几点：

假如从昭盟地区看富河文化、夏家店上层文化的分布和影响，我们看到的线索是：它们向东北三省的西侧和内蒙古的东三盟方向延伸，北边可以到贝加尔湖地区。辽东辽西的文化面貌有接近之处，但区别也很大。在西边的甘青地区，沿河西走廊到新疆东部一带，古文化面貌也有很多相似之处，可以把这里出现的细石器和彩陶，看作是甘青地区古文化的延伸。近年在西藏的林芝、墨脱和昌都的卡若等地发现的遗存，它们的文化面貌各有特点，但又有与陇东一带古文化接近的因素。就文化关系来说，陇东地区与其东、西北、西南三面的文化都有关系，似处于三叉路口。至于河套地区（包括晋西北与陕东北沿黄河一带），如果从出土的青铜器看，它既有与中原青铜文化相似之处，也与西伯利亚的青铜文化（如斯基泰文化）有联系，它正处于南北的通道上。

在南方地区，有段石器的分布地域可以延伸到南太平洋、新西兰；而几何印纹陶的分布地域则遍及整个东南亚地区。有趣的是，如果我们把我国的版图分为面向内陆和面向海洋两部分的话，那么还可以看到这样一种情况：面向内陆的部分，多出彩陶和细石器；面向海洋的部分则主要是黑陶、几何印纹陶、有段和有肩石器的分布区域，民俗方面还有拔牙的习俗。当然，要强调指出的是，在这广大的地域内，古代劳动人民从很早的时候起就有着交往活动，越往后这种交往活动就越密切。这个问题在此不做详述。

在我们结束这篇文章时做这样一个说明或许是必要的：我们这里所做的有关新石器时代考古文化区、系、类型的探讨，只是基于现有资料所做的探索。说不上是对各地区工作成果的概括。何况我国的面积那么大，古文化面貌又那样丰富多采，要在一篇不长的文章中把这样一个重大的课题阐述清楚，实在是件力不从心的难事。但是这个问题确很重要，既有理论意义，也有现实意义。我们认为，这项工作还是大家来做。如果由于大家的协同努力，在不太远的时间内能在这方面出现新的突破的话，那么我们或可以说这篇短文起到了抛砖引玉的作用。

（原载《文物》1981年第5期）

考古老兵给青年人的话

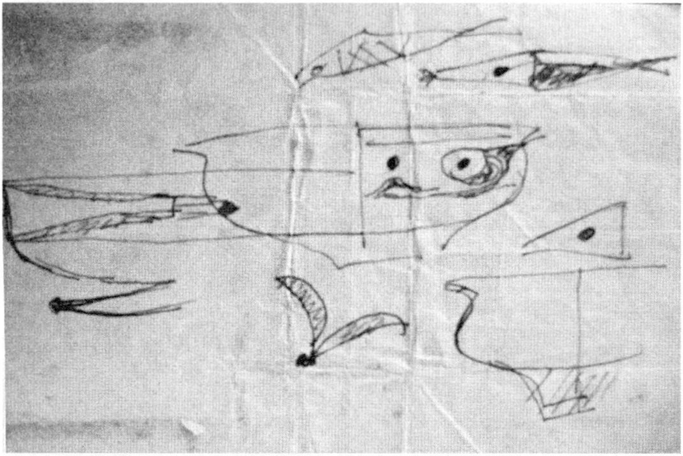

画在烟盒背面的草图
及烟盒正面

考古学是搞什么的？

考古学究竟是搞什么的？这不是编大学讲义，也不是写考古学入门，似乎是不应该提出如此问题来讨论。但不幸得很，关于此问题，我们既不能从字典辞书中得到一些清楚解释，也不能在屈指可数的几本考古学理论书中得到一个正确的概念。至于一般考古学者对此问题的看法，中外一样，与其说是意见纷歧，还不如说是漠不关心更为恰当。如果我们就它所涉及的范围来看，那简直是庞大无比。所以，我们要讨论此问题，只可以从它发生和发展的过程加以揣摩。

考古学不是金石学的发展

首先，我们应该弄清楚，考古学并非是金石学的发展。假如我们可以说金石学是我国旧封建社会的产物，那么，考古学正好可以说是西方资本主义社会的婴儿。所以，它们并非是一脉相传的本家，而是两个不同的族类。

但它们也并非全无相像之处，例如，两者都各有其光明的一面，两者亦都各有其黑暗的一面。金石学是如何发生的呢？如果不是唯心论者的话，我们就不会认为这仅仅是几个文人的癖好问题，而应该承认这是由一群有钱有闲的士大夫阶级、古董商人和盗墓者所共同经营的事业。一千年来，金石学在我国学术上的贡献如何，和它对于古迹的破坏如何，众所周知，毋庸介绍。至于现代考古学在它发生和发展的过程中所造成的罪孽，还值得谈谈。

考古学发达的时代背景

近代考古学和地质学一样，可说是工业革命的直接结果。随着工业革命而来的是大工业和大工程建设。正是这些大规模的建设，一方面使埋藏在地下的古代人类遗留大量地被发现，同时亦使社会上的一部分人发家致富。有了这两个基本条件，再加上十九世纪资本主义的黄金时代，研究和发现的风气正时兴，在这班新被解放了心灵和吃饱了肚皮、有钱有闲的新兴资产阶级中，很自然地，就出现了一批所谓收藏家。像十九世纪的四十和五十年代，维多利亚英国的有闲阶级甚至以参加考古团体的讲演和旅行当作一件重要消遣，这班附庸风雅的收藏家，多半还改不了他们起家的生意眼，对于古物只知道巧取豪夺，不顾一切。所以十九世纪初叶，英国、意大利、埃及等地盗墓的风气曾盛极一时。

资本主义在中国的发展比欧洲晚了一个多世纪，因而中国降为半殖民地的国家。随着帝国主义在中国修铁路开矿山等建设事业的发展，增加了古物出土的机会，也带来古物的新顾客，中国古物又成了这班收藏家追逐的对象。近百年来，这一项由盗墓者和古玩商人合作，采取半公开半走私、半盗掘半收买的手段，把祖宗遗产出卖给帝国主义收藏家的生意，在国际古玩市场上，一直占着重要地位。像英国的Eumorfopulus便是专以收藏中国古物而享盛名的一个。我们的侨胞C.T.LOO便因此起家。至于在这项肮脏生意鼓舞之下，所造成的破坏古迹的罪恶，都是我们耳闻目睹的，不必多讲。

以上谈的仅仅是关于考古学发生的时代背景，以下再谈关于考古事业发达的时代背景，就是它后来又如何地曾为帝国主义服务的一方面。现在也许还有人怀疑，所谓考古事业也者，何以不前不后地、刚好到了二十世纪的初叶发达起来？还有，世界各国的考古学者们（包括帝俄、日本、美国、英国、法国、德国和瑞典等），何以不约而同地，在一个世代之内，从四面八方，都到我们这个落后的国度来搞这种似乎比传教事业更没有什么必要理由的，说的虽体面、干的却不光明的“考古事业”呢？这道理说穿了亦很简单，就是当资本主义发展到了帝国主义阶段的时候，所谓考古事业也者，多半又成了帝国主义者的一件外衣，也起了本质上的变化。这时候的许多以考古为名的团体（或个人）实际上已经不过是为了某些帝国主义者的某种侵略目的服务的一种触须组织或伪装机构罢了。

考古学何以走上田野考古的道路

金石学和考古学虽然都是起源于有钱有闲的有产阶级对于古董的爱好，但由于封建社会和资本主义社会本质的不同，因而也就注定了它们不同的命运。我们的封建社会的士大夫们，特别喜欢的是关起门来，在故纸堆中，在心灵的深处，苦思冥索地寻找修齐治平的大道理，或玩弄风花雪月的小把戏，因而也就注定了我们的金石学永远跳不出在室内偷偷摸摸地欣赏，或在文字考据上下工夫的范畴。我们的金石学家也就不能不自惭形秽地承认，这不过是一些无关宏旨的“小学”，或者更谦逊点说，是“玩物丧志”的勾当。西方资本主义社会新兴资产阶级的眼界和作风就与此大不相同了。他们不怕冒险，喜欢跑到外边（越远越好）用自己的感官去接触新鲜的事物。他们爱金钱，也爱社会上的声名，因而他们把采掘古物当作一件动人听闻的“英雄事业”。

这就注定了它迟早会走上田野考古的道路，像W.F.Petrie，John Evans，Schliemann，Arthur Evans等就是其中杰出的代表。

考古学的发展

考古学既然走上了田野考古的道路，田野工作的技术和观察就愈来愈细密，室内研究的方法亦愈来愈进步，考古的机构团体逐渐地建立起来，对于古代的知识日积月累地增加，因而增加了学者们对于考古资料解释的正确性，因而把原来差不多是纯粹凭借经验的考古工作逐渐提高到接近于科学的地位。

由于考古学在学术地位上的提高，和考古资料在学术地位上的提高，从而对于田野考古的技术与方法的水平亦要求不断地提高，因而促进了考古工作者的逐渐专业化。最初是表现在一部分“纯粹学者”型的考古学家慢慢地脱离了真正考古工作者的队伍。其次是表现在考古工作者队伍内的分工。由于工作的繁杂与专门化，要做一个全能的考古学家愈来愈不可能。所以，一个现代的考古队，通常是两种类型的人联合组织的：一种是具有必要的历史语文知识的田野工作者，一种是具有必要的发掘和保存知识技术的专门家。总而言之，亲自参加，或至少熟悉田野工作，早已成为考古工作者的一个必要条件了。

最近几年来，考古工作有了更进一步的分工和专业化的倾向。这是由于考古工作的范围继续扩大。考古资料无限增加，牵涉到的问题愈来愈多。假如，一个考古学者对于他所发现的材料和所遇到的问题，都要给它一个满意的解释，那么，他便必须同时具备许多种专门学者的特长，事实上这是不可能的，理论上亦完全不合于近代科学的分工原则。勉强这样做的结果，只能降低这种学术在技术和理论方面的水平，因而亦就降低了考古资料的学术价值，阻碍了它的正常发展。所以，作为一个现代的考古工作者，不必是一个精通许多种专门知识的学者，但他却必须熟悉那一套田野工作和室内工作所必需的方法和技术。这道理很明白，假如他是这样，这便保证了他的工作可能具有高度的学术价值；假如不是这样，他就很有可能把一项本来是具有高度学术价值的资料变成一堆废物。所以，考古工作可以由任何部门的学者“客串玩票”的时代过去了，把考古学附属在史学研究或把它当作人类学一部门的时代过去了。正确点讲，现代考古学已经是，或至少应该是，由经过专业训练的、掌握了这一套方法和专门技术的人们，专门从事于“生产”文化资料（史料）的独立学术了。

（节选自《如何使考古工作成为人民的事业》，《进步日报》1950年2月16日）

从“瓦罐排队”谈起

——浅谈考古类型学方法

有人问我为什么搞“瓦罐排队”，这是个有趣的问题，是个重要问题，也是个还需要我们在实际工作中不断探索的问题。“瓦罐排队”不是个专门名词，它也不会列入《中国大百科全书》的条目。为什么会提出这个问题呢？据我猜想，或者是想让我谈些考古知识，或者是出于好奇，或者是兼而有之吧。

还是让我先谈谈“瓦罐排队”这个术语的来历吧！解放前，我国大学历史系中有的有考古这门课程。但在大学中设置考古专业和举办考古工作人员训练班，大量培养考古人才还是从1952年开始的。这就使这门学科从“象牙之塔”中解放出来，大大普及了，队伍也十倍百倍地扩大了。

近代考古这门学科是以田野考古为基础的。它是伴随着近代机械工业大生产的发展同地质学、古生物学、古人类学诸学科一道发展起来的。在方法论上，几门姊妹学科之间也多相似或互相渗透之处，使近代考古学同旧的金石学、古器物学在研究对象、方法和目的等方面发生质的变化。它是应用田野考古方法研究自有人类以来的全部历史，而不再是局限于对几千年来流传下来的某些古物——“古董”的收集、著录与考订了。

田野考古发掘发现的人类活动遗留下来的遗物、遗迹，我们可以统称做“文物”，它是包罗万象的，考古学所专门研究的仅是其中与人类社会生产、生活以及其他社会运动直接有关的文物。就是这些文物当中也有很大的部分要由各有关自然科学史专家们来研究。人类遗留下的文物好比是个特大“博物馆”，而考古学家不可能是“万能博士”。

人类的整个历史以百万年计，究竟有多少个百万年正是当代古人类学家们探讨的课题。至于人类开始经营原始农业、原始家畜家禽饲养业、制作陶器与磨制石器以及过着村落式的定居生活，则不过是万把年以来的事。考古学对人类社会历史的分期，是按生产工具的发展顺序分为旧石器、新石器、铜器、铁器几个时代。19世纪是考古学大发展的时代，也是近代考古学方法论从实践中逐渐形成的时代。考古学是从实践中来又为实践服务的，因而它也应随着实践的发展而发展，不是一成不变的。在两次世界大战中间的二十多年期间，在欧亚大陆发现大量距今万年左右时期的遗址，含有前面所说属于新石器时代诸特征的萌芽，又把它们从新、旧石器之间单独划分出来，称做中石器时代。严格说来，整个石器时代，还是按新、旧石器时代两分法概念比较清楚。

考古学的方法中最重要的一种是所谓“标型学方法”或叫做“类型学方法”。旧石器时代考古是从欧洲最早发展起来的。如欧洲旧石器时代从早到晚几个重要发展阶段——阿布维利文化、阿舍利文化、莫斯特文化、奥瑞纳文化、梭鲁特文化和马格德林文化的划分，除依据它们所属的地质层位年代关系外，主要是使用标型学方法对它们所出的石器打制工艺技术进行分析的。因为它们所遗留下来的器物只有石器是大量的，而且最能够反映它们的社会生产力发展水平的进步的。当制陶术发明以后，情况变了。不仅是新石器时代，即使是金属时代人类的居住址的废墟中被我们发掘出来的文物，最大量的仍旧是陶器（片）。因此，需要我们考古工作者应用标型学方法加以处理的材料中，占比例最大的是这些陶器（碎片）。在我们田野考古工作过程中，从野外到室内，捡陶片、洗陶片、对陶片[①]、复原陶器、分析比较、分类排比……确实是要化费大力的。经过一番加工之后，原来一片似乎杂乱无章的碎瓦碴，居然也能理出个头绪，有时甚至能做到竖看成行，横看成列，把这全部工序叫做“瓦罐排队”倒也形象生动、通俗易懂。但这个词既“不见经传”，也不知是什么人、什么时候发明创造的。总而言之，用“瓦罐排队”做为“标型学方法”这个学科术语的代号，是群众的创造，这同我国解放后考古事业大发展是分不开的。

为什么搞“瓦罐排队”（应用“标型学方法”）呢？可以这样简单回答：为了把一个遗址（包括墓葬）或同一类型的若干处遗址的材料（乍看起来似乎是杂乱无章的）理出个头绪，使它们成为有用的历史资料，让这些“哑巴材料”能够“说话”，因此，它是打开地下丰富宝藏的导引，它是使我们达到考古学的最终目的的一个重要步骤。但是，这需要进一步加以解释，为什么呢？举个例子：

今年（1979年）4月间在西安举行的中国考古学会成立大会，会议期间曾组织大家去半坡博物馆参观，还参观了离它不远的一处同类遗址——临潼附近的姜寨，过后，在一次开会的

① 考古工作中习惯将拼对陶片的工作称为“对陶片”。——编者注

时候，半坡博物馆的一位工作人员向我提出一个问题，他说，来半坡博物馆参观的人中时常有人对解说词中所讲的“母系氏族公社村落遗址”和“中华民族摇篮”的提法提出疑问，他们不知道应该如何解答。我记得我当时回答他：这问题不好简单回答。这件事在我思想上很久不得平静。博物馆是科学普及阵地，是社会教育阵地，面对的是广大人民，应该像邓小平副总理在全国文代会上所说的那样“认真严肃地考虑自己作品的社会效果，力求把最好的精神食粮贡献给人民”。这位同志所反映的情况，确实值得我们深思。

再举一个例子。

我们曾一道参观过的“姜寨”是一处与半坡同类型的、保存得较好的遗址。下面是我们的考古美术工作者，为参加最近举办的全国科普美展，根据半坡博物馆提供的考古发掘记录实测遗迹平面图与遗址附近地形图所设计创作的姜寨氏族公社村落复原图。

画面取景是从北偏西，面向南偏东，鸟瞰全部村落建筑物的生活图象。时间是傍晚。背景是骊山（就是秦始皇陵所在的骊山）。画面的右侧是发源于骊山的石瓮寺水，从东南来向西北流，注入渭河，绕过村落的西、南面。用人工开掘的沟壕与石瓮寺水连接，环绕村落的东、北两面。村落中央是空场，直

《姜寨氏族公社村落遗址复原图》（参加全国科普美展作品）
作者：张孝光

径约七八十米。围绕空场是大大小小的方形、圆形茅草屋，合计近百座，窖穴近三百个。最大的一座方形房屋位置在广场的东侧，面积一百多平方米。次大的有三座，一座在空场的北侧，一座在空场的西北侧，一座在空场的西侧，面积都近一百平方米。中、小型的方形房屋十余座，面积从十几平方米到三十至五十平方米，绝大多数是小型圆形房屋，面积仅三至五平方米。绝大多数房屋都门向空场，沟壕外面是三片墓地。埋葬的情况，总的来看，是有一定秩序的，后埋葬的墓坑破坏先埋葬的墓坑的情况只是极个别的。成年男女用土坑埋，幼儿用瓮棺葬。幼儿与成年人基本上是分开的，只有少数幼儿埋在成年人墓的间隙。有少数多个同性别成年人合葬在一个土坑的。

关于这个村落遗址中发现的全部遗迹遗物我就不再详细介绍了。请看，这样一个村落同我们过去所熟悉的那种以小农家庭占多数的农村有着多么大的差别呀！像俗话说的“三十亩地一头牛，老婆孩子热炕头”的小农家庭（既进行生产，又共同生活，又担负着生儿育女的责任的社会基本单位），［在这里］既没有产生的条件，也没有一点迹象。当时的社会基本单位还只能是氏族而不会是家庭。这道理似乎是很清楚的了。然而，事实远不是如此简单。人类社会的历史是极其复杂的。一个古代遗址发掘出来的材料更是令人眼花缭乱。

原来在姜寨村落中央空场也是一片墓地。奇怪的是，也可说有趣的是，这片墓地的埋葬方式完全和沟壕外面那片墓地的不一样。一个墓坑埋的不是一个人而是许多个不同性别的成年人，有的还有幼儿。多数不是一次葬而是二次葬（即迁葬）。这又是怎么一回事呢？

像半坡、姜寨这类村落遗址，参考应用放射性同位素碳十四方法测定的若干数据推测，少说也存在千年以上（约自距今六七千年前到距今五千年左右）。考古发掘揭露出来的大量遗迹、遗物所构成的错综复杂的现象，简直像“迷宫”一样。

我们怎样才能打开它的大门，又怎样认识、复原隐藏在它背后的人类社会历史的奥秘呢？这就用得上“瓦罐排队”这把“锁钥”了。

“瓦罐排队”是怎样搞法

人们生活使用的陶器种类很多，从用途不同来分，主要是饮、食、炊、储几大类，每一类中又可分为若干种。在属于同一类型文化遗址中筛选典型器物要经过具体分析。这一步工序也可说是“排队”。我们不妨把这一筛选过程的实践归纳为几条：第一，比较常见的而不是罕见的；第二，特征比较突出、明显而不是属于一般化的；第三，延续时间较长，形制变化比较灵敏，迹象比较容易辨认的。这种器物犹如古生物学中的“标准化石”，它不仅对同一类型考古材料进行分期断代有用，还对区分一定范围内诸文化的性质异同，以及分析它们相互间亲缘远近与相互关系、相互作用有用。

半坡类型遗址中有一种汲水器，我们称它“葫芦形小口尖底瓶”就是属于这样一种具有突出特征的典型器类。它最为突出的部位是它的器口：从细颈以上不是像一般瓶口用向外侈的唇沿收口，而是用另加上去的一个类似小杯、碗或壶、罐形的附加部分收口。从它的实用目的来看，好象我们现在使用的金属外壳的暖水瓶，在用软木塞封口的瓶胆口外还有金属壳的外口。现在金属壳暖水瓶的这一部分也是在小口颈之上焊上去的。它的特征的突出点就是：它的颈上部分与其说像从颈部向上延伸而成的器口，不如说更像在器口之上另加上的一件什么器物，这种汲水器从发生到消亡的全过程现在我们已经初步搞清楚了，它的形制发展序列初步搞清楚了。什么是“形制发展序列”呢？就是说，在它流行、制作、使用整个过程中曾经历过的具有连续性又具有阶段性的若干个环节。根据我们现在已有的材料把它分为以下的五种形式：

图之一　它的主要特征是从向外圆卷的颈部所形成的侈口领部，往上延伸，略向内收，略呈如现在的葡萄酒杯形器口。

图之二　它的主要特征是从颈部的小口处把一个小钵形器接上去，衔接处形成圆钝折角。

图之三　它的主要特征是在颈部的小口处把一个小壶、罐形器安接上去，衔接处形成里外痕迹明显的折角。

图之四　它的主要特征是把前者的上边安装上去的小壶、罐形器的小卷沿部分截去，形成直口杯状。

四之五　它的主要特征是把前者上边安装上去的部分再截去一部分，形成浅直口杯状。

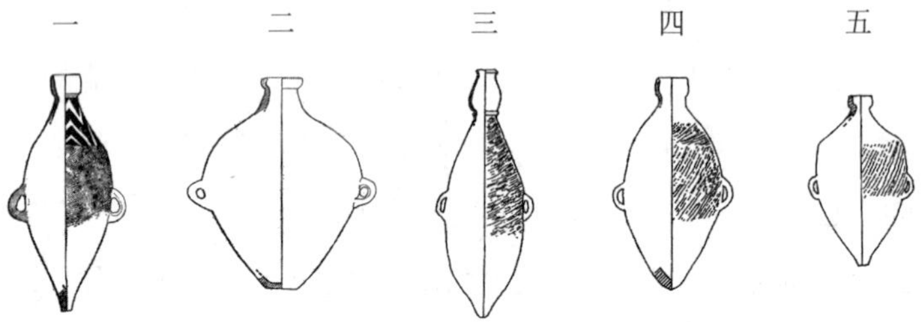

葫芦形小口尖底瓶型式序列

根据图和说明，我们不难看出它的整个发展过程的前后两个大的阶段。从一至三是它的前段，从三至四是它的后段。根据现有材料，我们知道，它的发生还有一段“前史”，而它的消亡则多半是突然被另一种同类器所代替。关于这些，我们又是怎样搞清楚的呢?

正如它自身发展分为前后两大段一样，我们对它的认识过程也是经过了两个阶段。先认识了它的后半段，最近才认识了它的前半段。前一步是50年代末60年代初的事，后一步则是最近的70年代末的事情，前后相距整20年。但是，现在我们还不能说对它的这一过程的认识已经终结了，进一步的认识还有待于我们今后的工作中去解决。

1958年在陕西华县发掘的元君庙墓地共发现墓坑57座。因为距离地面很浅，有些被耕地破坏而不甚完整，但大部分是完

陕西华县元君庙墓地（1958年），从东向西，前右一为第一排第三座，右二为第一排第四座墓。

好的。墓坑排列相当规整，有四组、九座墓有部分迭压、打破现象。埋葬方式的基本特征是由成年男女与幼儿合葬。随葬品的基本组合是这种小口瓶与钵、罐（釜）在一起。

经过我们对这四组九墓有迭压、打破现象的随葬小口瓶形式的对比分析结果，认识到它们的发展序列的连续性与阶段性，就是从前面示意图中的三到五，当时曾把这批墓按先后顺序与阶段性变化分为三期。这就使我们在认识到这种器物发展序列的同时，发现了一个有趣的现象。原来这个墓地的埋葬是南北成行，共分为六排。由东而西，从第一排数起，是从北往南依次埋葬的。到第一排之末，再从第二排仍是从北往南依次

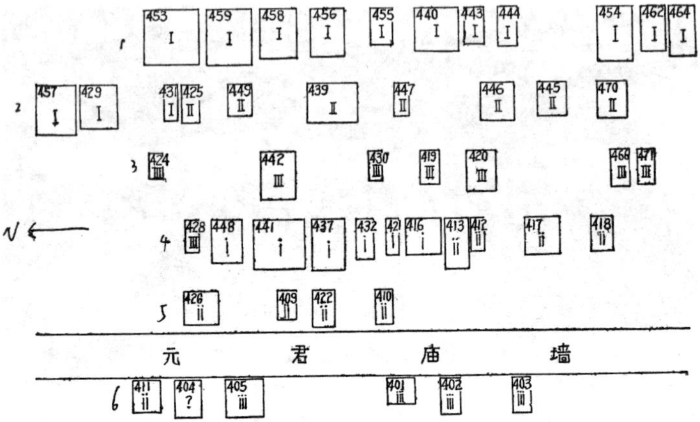

元君庙仰韶墓地的布局

埋葬。依此类推，到第四排最北一墓为止。以上为第一组。从第四排第二墓起到第六排南头最末一墓为止，是第二组。两组墓从首到尾基本一致，互相对应。

1958—1960年间在宝鸡旧县城东关外北首岭发掘一处遗址，从探出范围看比临潼姜寨遗址小些。当时试掘范围只有二千多平方米。1977—1978年又进行试掘，范围也不大。但对遗址的平面与堆积层次已得到相当了解。这处村落遗址座落在渭河北岸坡上，东临金陵河。文化层堆积厚2—4米。从村落中央空场发现路土有3—4层，上下相差近2米。文化层可以明显地划分为三大层。从揭露的部分上层房屋看，北边房屋门道面向南，东北边房屋门道面向西南，南边房屋门道面向北，西南边房屋门道面向东北。南北房屋中间距离约百米。墓地在居住区南边，与房屋相隔约三十米。墓多数为单人葬。少数为成年同性合葬。幼儿用瓮棺葬。

1958—1960年的试掘着重对遗址平面分布情况的了解。1977—1978年的则着重对遗址堆积情况的了解。

北首岭村落遗址前后两次试掘结果说明，其文化面貌比较接近半坡、姜寨。但是，它的包含丰富的下层文化是后者所没有的，而半坡、姜寨的上层文化也是前者所没有的。正是通过1977—1978年间北首岭的发掘材料，使我们找到了这种“葫芦形小口尖底瓶”发展序列的前半段，同时，又使我们找到了解答这种小口尖底瓶同另一种小口尖底瓶——“重唇小口尖底瓶”的发生过程和两者的共生平行关系问题的线索。这一发现的重要意义是使我们找到了一把打开有关仰韶文化的核心秘密的锁钥。为了说明这个问题，我们又不得不把话题暂转到另一个方面——“重唇小口尖底瓶”。

两种小口尖底瓶的差别主要是：前者是从颈部以上的唇沿继续延伸，而后者则是在颈部以上外卷的领口唇沿的里面再加上一重唇沿。据我们现在掌握的材料分析，这种小口尖底瓶的发展序列同前一种一样，也是分为五个既是连续的又是阶段的式样。图解如下：

图之一　主要特征是初步形成里外两重唇沿，里唇比外唇高出很少，里口内径略大一些。

图之二　主要特征是里唇与外唇之间形成明显的沟槽，里唇内径小于颈径。

图之三　主要特征是里外两重唇沿侧视上下重迭，里唇内径远小于颈径。

图之四　主要特征是里外两重唇沿侧视依然很明显，里唇内口径仅略小于颈径。

图之五　主要特征是里外两重唇沿侧视里唇仅略突出一些，里唇内口径与颈径约略相等。

图之六　主要特征是不论从侧视、平视都已看不见重唇，但从剖面仍可看出唇沿里面有加泥补贴痕迹，里口径略大于颈径。

图之七　主要特征是“重唇”的痕迹全部消失。

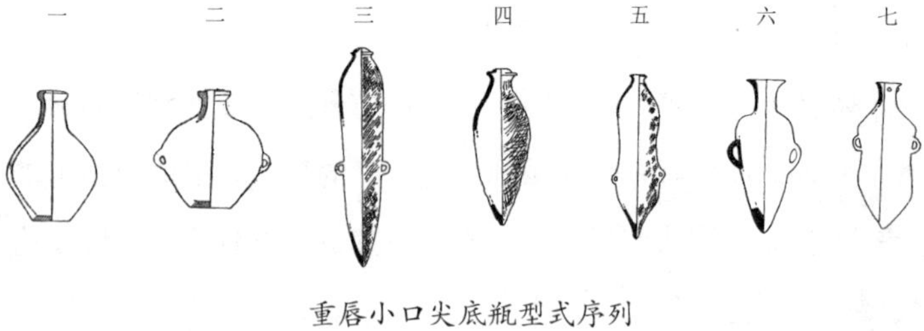

重唇小口尖底瓶型式序列

前五种式样代表了这种重唇小口尖底瓶的发展的全部过程。从一到三代表它的前半段，从三到五代表它的后半段。前半段是它的里唇沿的内口径逐步收缩，后半段是它的里唇沿的内口径逐步放大。

六、七两种（还有比它们更晚的、式样又有了进一步发展的）小口尖底瓶已经超出了前面重唇小口尖底瓶的范围，从年代关系上来看，它们既是同这种重唇小口尖底瓶的发展序列中的最末一种衔接，又是同前边葫芦形小口尖底瓶的最末一种衔接。但是，从器物形制发展和文化传统关系上来考察，它们应是重唇小口尖底瓶的延续或者说“后裔”。像图之六这种式样的小口尖底瓶，不论是在华县泉护村遗址还是在西安半坡遗址所发现的标本，它们的侈口唇沿的里面都还保留着另加上去的一道堆泥，却又没有形成为“重唇”。像图之七以及其他年代更晚、形式又有新的变化的这种器类，做为这种重唇的遗迹（或者叫“遗型物”）已全部消失。遂后，是这种器类（小口尖底瓶）的消失（这是从考古学的意义上来讲，如果从民俗学的意义上来讲，现在也可以找到它的“后裔”）。

那么，这类小口尖底瓶是怎样发生？两种特殊的小口尖底瓶（“葫芦形”和“重唇”两种）的关系又是怎样的呢？

1977—1978年宝鸡北首岭的发掘为我们探索这两种特殊小

口尖底瓶的发生发展及其共生平行关系提供了重要依据。

北首岭遗址下层——两种特殊小口尖底瓶的发生阶段。

“葫芦形小口尖底瓶”的前身——矮领壶罐的特征及其发展变化的两个步骤：

（Ⅰ）矮领与颈部间有明显可辨的接茬，领腹之间有明显的接茬。

（Ⅱ）领部加高，略微向里收敛。领部和颈部之间、颈部和腹部之间、颈部中间共三道接缝，领部与颈部中间从前者的呈钝折角变为圆折角，已接近“葫芦形小口尖底瓶”（一）的呈圆卷葫芦腰的颈部。

“重唇小口尖底瓶”的前身——高领壶罐的特征及其发展变化的两个步骤：

（Ⅰ）高领口壶罐，还看不出同“重唇小口尖底瓶”的渊源关系。

（Ⅱ）高领口唇沿的里面另加一道向上突起的唇沿，从而使向外卷的唇沿变为微向里收敛的唇沿，实际上业已具备“重唇”的特征。

北首岭遗址中、上文化层——两种特殊小口尖底瓶形制发展序列的前半段到成熟阶段。

“葫芦形小口尖底瓶”图中的Ⅲ、Ⅳ、Ⅴ就是我们前边该

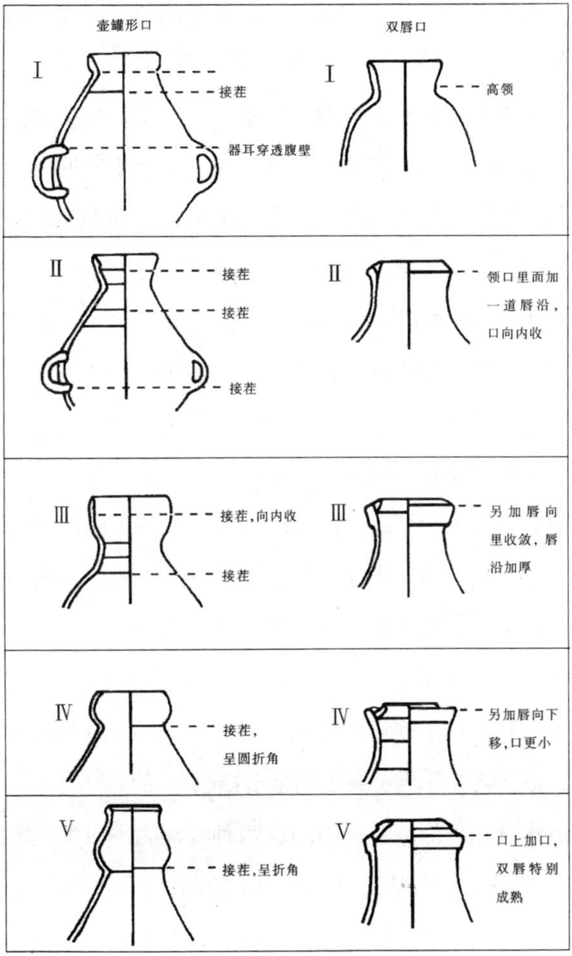

北首岭遗址文化层出土壶罐形口、双唇口瓶发生发展序列示意图

种器物发展序列示意图中的一、二、三的依据。而三、四、五的序列则是从华县元君庙墓地材料得到验证的。

“重唇小口尖底瓶”图中的Ⅲ、Ⅳ、Ⅴ，相当我们前边该种器物发展序列示意图中的一、二、三，至于它的三、四、五的序列以及在它们之后的六、七等的依据，我们从1958年在华县泉护村遗址的发掘材料中已经得到层位关系验证。

那么，这两种特殊小口尖底瓶的全部相互关系是怎样的呢？

根据宝鸡北首岭遗址的层位关系证明：

——两者同时发生，过程相似，可说是孪生兄弟。

——两者发展序列的前半段从一到三具有共生平行关系。

根据华县泉护村遗址和西安半坡遗址层位关系证明：

——“重唇小口尖底瓶”五同在它之后的六、七两种小口尖底瓶在形制发展序列上具有明显的连贯性。

——“葫芦形小口尖底瓶”五同在它之后同前者一样的六、七两种小口尖底瓶在形制发展序列上却没有如同前者的连贯性，但两者在年代关系上则是衔接的。

由此可知：仰韶文化中的这两种特殊的小口尖底瓶发展序列的后半段——即从三到五，从逻辑上可以证明应是互相平行的。

仰韶文化中的小口尖底瓶从发生到消失的全过程经历过由

合而分，再由分而合，这样一种曲折的道路。这又是怎么一回事呢？这就需要我们在弄清某一种典型器类的发展序列和某两种典型器类发展序列的共生平行关系之外，还要对多种典型器类发展序列的组合关系寻找线索。举例如下：

半坡遗址同“葫芦形小口尖底瓶”三、四、五具有共生平行关系的鱼纹图案彩陶盆的发展序列。开始出现的鱼形图案Ⅰ还是接近写实的鱼形，到Ⅳ变为完全图案化的鱼形。再后，随着这种小口尖底瓶的消失而消失。

华县泉护村遗址同“重唇小口尖底瓶”三、四、五具有共生平行关系的花卉图案、鸟纹图案的彩陶盆发展序列。鸟纹图案Ⅰ、Ⅱ还是接近工笔画法写实的鸟形，Ⅲ、Ⅳ变为类似写意画法的简化、图案化的鸟形，到Ⅴ则变为如果不是把它同前者

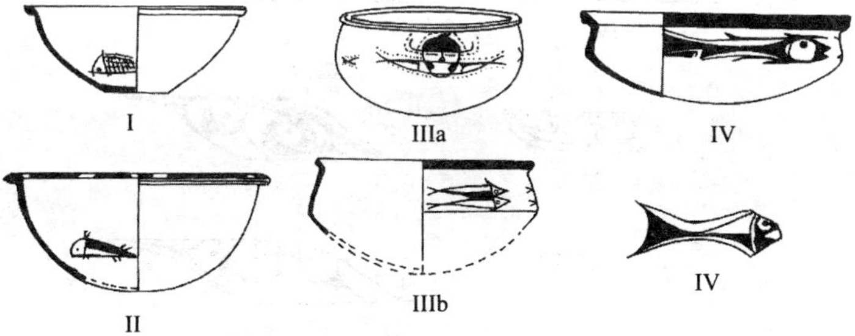

鱼纹盆发展序列

鸟纹图案发展序列

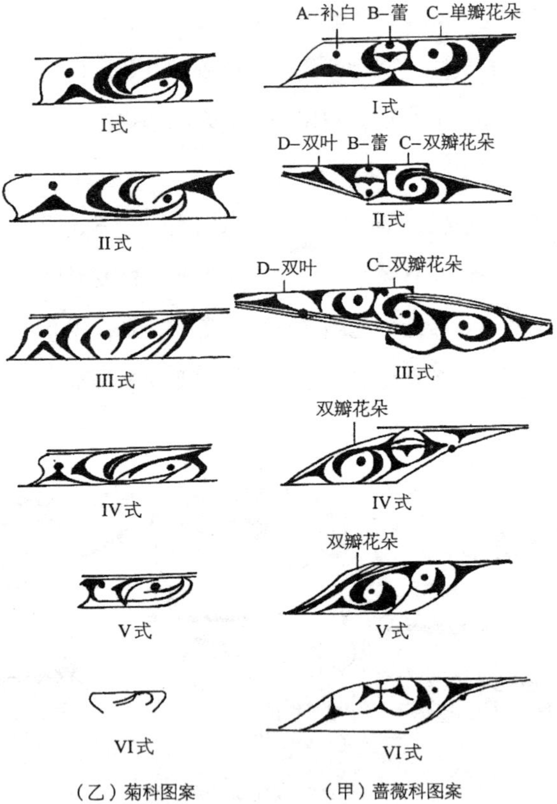

（乙）菊科图案　（甲）蔷薇科图案

花卉图案发展序列（标本均为华县泉护村出土）

的鸟纹图案联系来看，已经不能辨认它是“鸟形”了。花卉图案Ⅰ、Ⅱ、Ⅲ还是用细笔画勾划清晰工整的由花、叶、蕾结合的图案；到Ⅳ则花卉图案的基本特征已难于辨识。

华县泉护村遗址同“重唇小口尖底瓶”三、四、五具有共生平行关系的两种花卉图案彩陶盆发展序列。仰韶文化中的彩陶图案是复杂的。我国和外国学者对此曾进行过专门探讨。但存在的问题是：（一）还没有充分利用这些材料做为对仰韶文化诸类型的分析和做为对仰韶文化分期断代问题进行探讨的一个重要侧面或手段；（二）特别是对于这类花卉图案曾给予诸如圆点、弧三角、钩叶还有其他种种随便拈来的形容语汇；（三）更为突出的是不曾把这类图案按照它们本来的构图单元进行分析。

泉护村遗址的发掘是1958年秋进行的。当1959到1960年我们对这批材料进行初步整理时，首先对这类标本（绝大部分是碎陶片）进行了构图单元的分析。而后，又进行了分类、排比，得出它们的发展序列与共生、平行关系。这就使我们不能不对这类图案所表现的内容究竟是什么提出疑问。我们根据最普通的生活知识判断，它们应属于花卉图案。如果真是这样，它们所表现的究竟是些什么花卉呢？我们带着这个问题请教过一些植物学家和工艺美术学家。经过他们的分析，认为一种是覆瓦状花冠（指花瓣互相迭压有如屋瓦），一种是盘状花序（或称合瓣花冠）。前者属蔷薇科（如最常见的玫瑰、月季），后者属菊科（如最常见的菊花、葵花）。在技法上同现在的工艺美术品也相似。如前者的表现技法常用地纹与阳纹结合，后者常用双钩表现“合瓣”特征（每个“花瓣”实际上是由五个单瓣联结而成的“一朵花”，所以，好象把五个手指合拢在一起形成勺形的样子）。两者的发展序列也是平行一致的，都是从线条工整、造型近真，变为结构松散、线条流畅，再变为简化到寥寥几笔、略具轮廓（参看插图）。

由此可见，仰韶文化彩陶花纹中的这几种同“葫芦形小口尖底瓶”和“重唇小口尖底瓶”发展序列的后半段共生平行的图案（鱼、鸟、玫瑰花、菊花）发展序列是首尾完整的。它们的发展序列的全过程与相互关系可以图解如下：

两种特殊小口尖底瓶的发生阶段—它们的发展序列的前半段—葫芦形小口尖底瓶

——重唇小口尖底瓶

发展序列的后半段同鱼形图案彩陶盆发展序列的全过程共生平行—末期小口尖底瓶

发展序列的后半段同鸟形图案、两种花卉图案彩陶盆发展序列的全过程共生平行。

由此可知：两种特殊小口尖底瓶发展序列的由合而分的转折点正是与鱼、鸟和两种花卉图案彩陶盆的发生同时；两种特殊小口尖底瓶发展序列的由分而合的转折点正是与这几种图案彩陶盆的消失同时。

我们暂且不管：（一）小口尖底瓶这一器类从发生到消失所跨越的年代同仰韶文化所跨越的年代的关系问题；（二）小口尖底瓶这一器类和两种特殊小口尖底瓶在仰韶文化整体结构关系中所占的地位问题。现在我们已经大致搞清楚：仰韶文化中的小口尖底瓶（包括两种特殊的小口尖底瓶）和几种特殊图案（包括鱼形、鸟形和两种花卉形）彩陶盆的各自发展序列和这些发展序列之间的共生、平行与组合关系。

我再把我们这次所谈的主要内容做个简短的小结。为什么搞“瓦罐排队”？把这个问题转译成我们（考古）的术语就是，考古为什么要应用“类型学方法”？第一，它是随着以田野考古为基础的近代考古学的兴起而产生的；第二，它是同和它一道兴起的兄弟学科（地质学、古生物学、古人类学）在方法论上密切联系、互相渗透的一个方面；我把它在近代考古学方法中的地位比作打开隐蔽在考古材料后面的人类社会文化历史这个无比丰富多彩的宝藏的锁钥；第四，考古类型学方法的应用首先是要把重点放在“典型器类”的筛选、典型器类的发展序列以及诸典型器类的发展序列之间的共生、平行与组合关系的变化。

现在我要问：通过这些，是否已经回答了“瓦罐排队”的问题呢？我可以肯定地回答：还没有。因为以上所谈的仅仅是我们要从哪里去找打开这座宝藏的锁钥。很显然，没有这把锁钥是不成的，但有了这把锁钥还有如何使用它的问题。只有正确地使用这把锁钥去对我们所掌握的材料进行深入细致的分析研究，才有可能解决我们所需要解决的问题。关于这些，是不可能用简短的篇幅来解答的。这也就是前边谈到的西安半坡博物馆那位同志向我提出的问题——经常有来参观的观众对解说词说的“母系氏族公社”、“中华民族的摇篮”的提法提出疑问时，我回答说，不好简单回答，是同样道理。

类型学方法的应用

前边谈的是类型学方法的三个方面，回答了什么是类型学方法的问题。下面再谈谈类型学方法的应用，回答怎样应用类型学方法来探讨考古学所要解决的问题。也有三个方面：一、考古文化的区、系、类型问题；二、考古文化的分期断代；三、考古文化之间的相互关系。

考古文化的区系类型

根据我们现在已知的材料，仰韶文化的分布范围大致西到甘肃、青海之间，东到河北、山东之间，北到内蒙古的河套内外，南到河南、湖北之间。主要包括了华北平原和黄土高原，连成一片。在这个范围内，自古以来，文化发达较早，人口密度较大，分布均匀。从我国整个历史发展来讲，这里始终是处于它腹心地位。

分布范围如此广大的这个仰韶文化，从渊源来看，是单根独苗还多根多苗？从发展过程来看，是一脉相承的还是错综复杂的？要回答这些问题，一个重要的手段，就是把若干经过筛选的典型器类应用类型学方法进行具体分析。

前边我们对仰韶文化中的小口尖底瓶和两种彩陶花卉和鱼、鸟形图案进行了类型学方法的分析。根据分析的结果，虽然我们还远不能说已经找到了打开全部有关仰韶文化奥秘的钥匙，但是我们可以说已经找到了打开仰韶文化核心部分奥秘的钥匙。为什么呢？

第一，含有上述几种特征因素全部发展过程的仰韶文化遗址的分布范围仅仅是包括陕西的关中、山西的南部和河南的西北部，加到一起，在整个仰韶文化分布范围中不过只占很小的一部分，这是一个方面。但是，在我们前边所说的仰韶文化分布范围的“四至”边缘地区也恰恰或多或少含有上述几种特征因素（主要是小口尖底瓶和两种花卉图案彩陶）的一部分及其某一阶段的发展序列。从而说明，在整个仰韶文化分布范围内我们可以把它区分为两个部分：一个是它的核心部分；一个是它的外围部分。

在上述仰韶文化分布范围的核心部分中，宝鸡北首岭遗址下层发现有两种小口尖底瓶的前身——还处于萌芽状态的重唇小口和葫芦形小口的球形壶罐，还有在口沿施黑、紫彩带状的钵形器。类似的这种文化遗存过去在华县老官台也发现过。但像北首岭下层那样具有清楚层位关系，又具有清楚的共生平行发展序列的两种小口壶罐，这还是首次发现的。这一发现给我们的启示是：在仰韶文化的核心部分，关陇间的这类遗址中的这一阶段遗存至少可能是它的渊源之一。考虑到它既含有成为仰韶文化中两种不同类型（半坡和庙底沟）的主要特征因素的萌芽，同时又具有同后者在整体文化面貌上有较大差异，两者又具有直接叠压的层位关系与文化上的紧密衔接关系，这就为我们探索仰韶文化的起源问题向前推进了一步。

北首岭遗址中、上文化层包含的两种小口尖底瓶的共生平行发展序列关系，使我们进一步得到两处类型的仰韶文化是孪生兄弟的证据。

北首岭是两种类型的同出于一个母体，又曾共存于一个共同体中的例子；西安半坡、临潼姜寨、华县元君庙、华阴横阵村等是半坡类型，而华县泉护村、陕县庙底沟等则是庙底沟类型，形成两种类型交错共存的例子。半坡类型彩陶中的鱼形图案同斋类型彩陶中的鸟形和两种花卉图案都是各自沿着自己的道路有始有终构成完整的发展序列。两者的最后结束阶段都是被一种新型的（实际上又是从重唇口退化而来的）小口尖底瓶为主要特征的文化阶段所接替。从两类彩陶图案的始末也就是两种类型人们从分到合的过程这一社会现象，只能说明两者交错共存阶段在文化面貌上的分野，不足以说明两者由分到合这中间社会发展的规律性。这是个复杂的问题，为了深入探索这个问题，首先需要的是，要对这一系列的仰韶文化遗存进行分期断代的研究，因为只有这样我们才有条件能对各个类型各个阶段的材料进行社会历史的分析。

考古文化的分期断代

前一部分在我们解释什么是考古类型学方法的时候曾举例说明如何筛选典型器类，如何找出它们的发展序列，如何找出它们的共生平行关系，以及它们的组合关系。我们所使用的材料主要是在陕西境内的几处仰韶文化遗址——宝鸡北首岭、西安半坡（参考了和它同类的“临潼姜寨”）、华县泉护村和元君庙（参考了和它同类的“华阴横阵村”）。

根据前一部分所做的类型学方法分析的结果，回过头来，对于这几处“典型遗址”的全部材料进行分析，从它们所跨越的年代和文化特征两个方面分析，可以分为以下四组、四期：

1. 北首岭　一、二期

2. 泉护村　二、三、四期

3. 半坡、姜寨　二、三、四期

4. 元君庙、横阵　三期

四期划分的依据大致是这样的：

一、二期之间的界限——北首岭下文化层与中文化层在层位关系与文化内容上的衔接和变异；北首岭下层文化与半坡—姜寨类型早期文化之间的衔接和变异；北首岭下层文化与泉护村（庙底沟）类型早期文化之间的衔接和变异。以上三种不同情况的共同点是两种小口尖底瓶定型化的第一种式样的出现。

二、三期之间的界线——北首岭上文化层的下限（最后阶段）与元君庙类型墓地的上限（开始阶段）互相衔接，葫芦形小口尖底瓶的第三种式样是它们之间的中间环节。两种小口尖底瓶的第三种式样在北首岭上层是共生的，由此推测，半坡—

姜寨遗址同泉护村（庙底沟）类型遗址所出的这种式样的两种小口尖底瓶也应属于同时，两类型遗址同样可以用它们做为二、三期之间分界线的标准的。

三、四期之间的界线——泉护村遗址在重唇小口尖底瓶第五种式样之后，紧密衔接的是两种重唇特征业已消失的小口尖底瓶。前边插图（重唇小口尖底瓶示意图）的第六种式样是选自半坡报告的（因为在泉护村没有这种式样的复原完整标本），两遗址所出的这种式样的共同特征是，唇沿的里衬都保留着一条附加堆泥，同在它之前的诸式样之间的差异仅仅是这条堆泥没有突出到到唇沿面以上（可以说是“暗重唇”）。到第七种式样这条附加泥带完全消失。因此这两种式样在发展序列上可以直接同重唇小口尖底瓶衔接，但从它们在半坡遗址所属的文化层位整个共存文化遗物观察，同样是同在它们之前的葫芦形小口尖底瓶第五种式样所属文化层位互相衔接的。因此，我们可以把它做为三、四期之间的分界线的标准器。

应用考古类型学方法对于陕西关中地区的几处典型遗址进行分期的尝试，还有待于今后的田野考古工作来检验。现在让我们更进一步对这种分期法每期所跨越的年代，根据应用碳十四测定与树轮校正的若干数据，提出一个估计年表：

约自距今7000年左右到距今6500年左右；

约自距今6500年左右到距今6000年左右；

约自距今6000年左右到距今5500年左右；

约自距今5500年左右到距今5000年左右。

前边我们曾把考古类型学方法比喻作打开地下考古材料所隐藏的社会历史奥秘的锁钥。现在我们应用它尝试对仰韶文化的区系类型和分期断代进行探索的结果，也可以比喻作为我们更进一步揭开这一奥秘打开了门户。考古学的本来目的就是为了复原人类社会历史的。没有考古类型学方法，田野考古所取得的大量原始材料是杂乱无章的。必须应用考古类型学方法的处理，就是说，按照如上所说的程序经过加工之后的材料，才能使它成为进行社会文化历史问题探讨的原料。由此可见，前边所谈的整个过程都是由本门学科自身性质所决定的逻辑顺序。这一过程犹如历史学中的史料学。走到这一步还远不是考古学的终点。而仅仅是为探索社会文化历史的奥秘所必由之路、所不可少的准备工作。现在就让我们根据现有材料，对我国从距今7000年左右到距今5000年左右、生活在传统所说“中华民族的摇篮”的地区（主要指陕西的关中地区，或再加上晋南、豫西北一角）的人们共同体（考古学上所谓的仰韶人）的社会文化发展史试做些尝试性的探索吧。

（一）石器工艺

从石材选择、成型加工工艺、器类几方面来看，一至四期的发展可以简单概括如下：

一期的具有划时代意义的器类，是选用比较容易加工的石材，打制成型，部分磨光的粗制石铲。

二期的具有划时代意义的器类是选用比较精致的石材，用锯解成型，通体磨光，做成器体与形式规整的穿孔或不穿孔的石铲和专用于木材加工的小型石锛。

三、四期具有划时代意义的器类是选用更好一些的石材，成型与加工工艺更为精细的，器体更为精巧规整的有穿或无穿石铲、型号不同的石凿与穿孔石斧。

石铲的出现和使用石材与加工技术、形体的不断改良直接意味着原始的“刀耕火种”（或叫做“砍倒烧光”）农业过渡到耕作农业的不断发展。同这一过程并行的精制石锛、凿、斧等专用木器加工工具的阶段性发展，同样说明了农业生产工具的逐步多样化与效率的不断提高。

（二）制陶工艺

一期制陶工艺的划时代特征是有了明确专门用途的、具有自己风格的饮、食、炊器，但还看不出有清晰规整的轮旋痕迹。

二期制陶工艺的划时代特征是出现大型器类和在一些器类的上半部具有清晰规整、甚至呈凹凸状的弦纹。这说明至少某种比较原始的轮旋制陶工具已经发明了。

三、四期制陶工艺的划时代发展是出现了从器底应用轮旋技术制作的陶器，说明制陶业进入一个崭新阶段——陶工的专业化。

耕作农业的进一步发展，石器、木器、陶器等手工业的专业化，农业与手工业的社会大分工的时代来到了。社会大分工必然产生交换的发展，必然带来社会结构的变革。这是符合社会历史的逻辑的规律性发展，实际上，从一期开始——就是说，从仰韶文化村落遗址开始时起，它自身就业已说明了这一点，很明显，如果没有发明制作出那样可用于深翻土壤的石铲，就没有耕作农业，没有耕作农业就不可能有这样稳定繁荣的村落遗址和与这种经济相适应的社会组织形式。

（三）社会组织

现在我们要对于这一漫长的整个时期的社会组织形态的发展变化的全过程进行探讨显然是不能抱过奢的希望。因为这同分期断代不同，不能不在更大的程度上受田野考古工作与资料积累现实情况的制约。现实情况是这样的：北首岭遗址包括一、二两期，但居住区的揭露只是把它的上层（二期）做出大致轮廓；元君庙（包括横阵村）是属于三期的墓地；姜寨（包括半坡）遗址虽包括二、三、四期，但从居住区遗迹、墓地材料分析，主要是属于二、三两期的。总的说来，一、四期的材料还很少，有待于今后的田野工作中注意解决。

一期的材料现在以北首岭下层发现的为数不多的墓葬和文化层堆积为例。这部分墓葬随葬品包括石铲和成组的生活用陶器。这类石器、陶器的生产和应用于生产、生活是一回事。拿它们用于随葬是另一回事，它是社会经济生活的变革在社会精神文化上的反映。从这一点来看，我们可以说，这一期同在这之前的时期相比较，要比同在这之后的时期（二期）相比较，具有更大的划时代意义。

属于二期的材料可以北首岭中上层、半坡和姜寨的相应阶段为例，试加分析如下：

北首岭的这一阶段的材料具有更为典型的意义。因为：一则，它同比它早的一期之间有较明确的层位上下关系；二则，它没有被比它晚的三期以后阶段文化堆积干扰破坏。它的居住区已被揭露的房屋布局平面图呈北、东北与南、西南相对，中间空场长约100米。房屋形式都是圆角方形，略成长方形（约为4：5—9：10），面积约从20平方米到40平方米，半地穴式，屋内有两个立柱，进门有火塘，有的呈瓢形，有的呈桃形，瓢形火塘里边埋一个口大底小的陶罐，而桃形的则在相应位置掏一个小洞，两者作用多半相同。墓地在居住区南边，相距约30米。幼儿用瓮棺葬；成年人多数为单人仰身土坑一次葬，少数俯身葬、二人二次葬、二人一次葬（均同性合葬）；多半有随葬品，少半无随葬品；随葬品从一件到十余件，个别的有石斧、磨盘、骨镞、骨珠、兽牙、绿松石耳坠等生产、生活和装饰品，还有的陶器类似明器。整个平面布局是有秩序的，埋葬是长幼有另，男女有别。这些现象说明，氏族做为社会基本单位的特征还是具备的。但做为氏族公社的基本原则——共同劳动、平均分配这一原始公社组织的社会平等关系似乎又已经开始进入分解的过程。

半坡遗址第五层和介于第四、五层之间的文化层大约相当这一期。第五层的方形房子的结构同北首岭的基本相似，面积的变化幅度也同后者大致相似。一个值得注意的现象是，一座介于第四、第五层之间的房子（F13）的火塘位置却不是在近接门道的前部，而是在房屋的中央。

姜寨遗址属于这一期的材料，由于保存条件较好、揭露面积较大（差不多已全部揭开），是前两处遗址所无法比拟的。但前两处遗址的材料也给我们提供了分析认识姜寨这一时期的材料一些有用的线索。

居住区 中间是空场，四周是房屋，房屋外围是河流和沟壕。但是，南面的房屋的特征是地上建筑而不是半地穴。参考半坡具有比较清楚层位关系的材料证明，这种地上建筑是较晚出现的。因此，我们推测姜寨村落这时期的平面布局原是以空场东侧、北侧、西北侧和西侧的四座大型方形房屋为主与在它们附近的中、小型方形、圆形房屋若干个相结合，构成三组或四组建筑群。这些大型、中小型方形半地穴房屋的构筑特征同前两处遗址同期房屋大致相似。

墓区类型 位置在居住区沟壕外东北、东、东南侧，三片中间有相当空隙，各片自己范围内排列布置大致规整。幼儿用瓮棺，成年男女多数单人一次葬；少数单人二次葬和单人俯身葬；值得注意的是，有多人同性成年人合葬中却夹有小儿骨骼。多数有随葬品；少数没有。随葬品多少种类不同，少数除生活用陶器外还有生产工具、装饰品。如，其中有一座（M7）除陶器皿五件一组外还有陶错、石刮削器、石球、骨管、玉坠和大量骨珠（8577个）。需要指出的是，这个墓从随葬陶器和部分叠压在另一个属于这期较早的墓葬之上判断，它是这时期较晚的一个。

综合姜寨二期居住区和墓地平面布局，我们不难看出，它所反映的社会组织形式还是一个组织得相当严密的有秩序的整体，它包括三个（或四个）对等的组成部分。但仔细分析，还有另一个方面。第一，位置在空场东侧的一座大房子面积最大（每边约长11米），位置在北侧和它临近的两座大房子次之（每边长约9米），位置在西侧的一座大房子最小（每边长约7米），这种差异似乎是规格化的而不是偶然的。第二，位置在东侧最大的那座大房子附近有两座中、小型的略呈长方形的房子，一座三十多平方米，一座不满十五平方米，参考半坡房屋结构的变化趋势，这两座房子可能是属于这期中后期的。两者的共同点是出土生活用陶器十件、十多件，生产工具石斧、锛三五件，还有骨器。其中一座房屋内还有两个窖穴。

（此文写于1979年，为未刊稿，似未完成。本书首次收录发表，配图贾晓文。）

中国考古学从初创到开拓

——一个考古老兵的自我回顾

中国考古学已有六十多年的历史。我参加考古工作已过半个世纪。记得在我参加工作之初，就有人提出过中国科学或中国考古学的黄金时代一说；现在又有人提出此说。我这老兵算是欣逢盛世的幸运者了。

对于黄金时代一说，六十年前一位老一辈学者曾提出过另一种看法。他说，与其说是黄金时代，不如说是黄金地带更符合实际。当时，在西方学者中，有一阵“中国热”，他们从各自的学术观点看，中国遍地是黄金。这是可以理解的。但当时中国的科学事业还处在草创时期，所以，事实上还谈不上什么黄金时代。

讲到现在是中国考古学的黄金时代，又不能不引起我的反思。如果专就我国近年接连不断的重大考古发现而言，提出这种看法是可以理解的。但考古学是一门科学，发现（包括一些重大发现）仅仅是它的一个环节，它能给我们以启发，却不允许我们满足于现状。如何解释这些发现，或者说用什么样的理论、方法来指导我们正确地解释这些发现，才是最重要的。

我愿借此机会，以一个老兵的身份，回顾我们走过的足迹。这或许有助于我们明确今后努力的方向。

五四运动时期，我国学术界开始提倡科学与民主；另一方面，国家正处在危急存亡的关头。近代中国考古学正是在这“风雨如晦、鸡鸣不已”的时刻呱呱坠地的。在这种特定的历史条件下产生的中国考古学，注定有先天不足的一面；但同时也有大不寻常之处。比如：（1）它对我国古老的金石学的继承，使之发展为多种专门的学科，如古器物学、古文字学、古文献学、古钱币学等等；（2）如果对中国考古学的早期代表人物（当然包括他们的成果）一一考察，可以发现，他们几乎都有一部传奇式的经历，后人都可以从中得到某些有益的启示，甚至可以作为他们著书立说的出发点；（3）需要特别指出的是，把马克思主义观点应用于中国考古学研究，几乎是和中国考古事业同步兴起的。一言以蔽之，近代中国考古学从它的初创时期起就具有鲜明的中国特色，具有它自己的学科体系。

中华人民共和国的成立，标志着中国考古学从初创到了开拓发展时期。它无疑是前一时期的延续和发展，但又有质的不同。

老一辈先进学者的尝试，苏联同行学者创造的模式（包括莫斯科大学考古专业课教材、教学大纲），马列和毛泽东的哲学著作，都给我们以很大的启发。记得在1955—1956学年度，北京大学考古专业同学对教学提出不少意见，我意识到，他们不仅是对教学不满，更是对中国考古学界的现状不满。1958年间，我曾邀请尹达同志来校给考古专业师生做报告。在这次报告中，他提出“建立马克思主义中国考古学体系”这个响亮的口号，大家很受鼓舞。党组织把它具体化到教学实践，发动师生编写贯穿马克思主义红线的考古学教材，为建国十周年献礼。师生们日夜加工，礼是献了，成果也拿去展览了，但到头来，在社会发展史的概念和词藻下，考古学的具体研究还仍然是干巴巴的空壳，如果说多了一点什么“体系”模样的框架，实质上只是属于文化史的性质，还是被废弃不用。徘徊了十年，兜了一个大圈子，似乎又回到原地踏步。但古人说，失败是成功之母。实践教育了大家，发热的头脑开始降温。我意识到，对辩证唯物论与历史唯物论的方法需要做深层的理解。马克思主义哲学并不能直接回答研究中国考古学的方法论问题。辩证唯物论和历史唯物论虽然都是认识论，但作用却有很大的不同；历史唯物论和历史科学的各专门学科理论也不属于同一层次。还是列宁说得好，具体问题要具体分析。近代考古学不同于旧金石学的一点是，它的研究对象首先是田野考古发现的一个个具体单位，而不是一件件文物。

1959届北大考古专业学生在陕西华县的实习收获，至少对我自己来说，在认识上是个转折点。华县泉护村遗址的发掘面积为7000—8000平方米。我们先以一个探方的器物层位关系作基础而进行类型学的比较分析，反复排比，最后选出四类八种陶器进行综合的层位、类型学的排列分析，得出了它们的整体排列、共生序列。这种整理研究的方法，应该说，就是在唯物辩证法指导下形成的考古学的具体研究方法；而通过这批材料的整理研究所得出的有关仰韶文化整体面貌的认识，就是运用这种考古学的具体方法得到的。元君庙仰韶墓地的材料处理及其认识上的收获，也是如此办理而得到的。

由此，又可悟出一个道理，研究一个遗址如此，研究一个考古学文化的整体是否可以照此同样办理呢？从这样一个在方法论上取得的又一次突破开始，对一个考古学文化（仰韶文化）得到比较系统的认识，大约经历了十几年。这样一些认识，也就是我后来提出的区系类型理论最初发想。中国考古学中区系类型理论的起步，实在是非常艰难的。

从对仰韶文化本身谱系的探索到中国文化起源问题的探索，是我们继续思考的问题。我感到，还是应该以宏观角度，应用区系类型理论，对中国文化的总体系问题从田野工作和理论分析两方面来进行探索。把中国文化说成是自成一系的，是相对于世界其他几大系历史文化而言的。考古发现愈来愈使人们看到，我国境内各考古学文化的渊源、特征与发展道路差异很大，大体上可分为六大文化区系。它们是：（1）以燕山南北、长城地带为中心的北方；（2）以山东为中心的东方；（3）以关中（陕西）、晋南、豫西为中心的中原；（4）以环太湖为中心的东南部；（5）以环洞庭湖与四川盆地为中心的西南部；（6）以鄱阳湖—珠江三角洲一线为中轴的南方。这六大区系内，还可以划分出不同的地方类型。区系类型理论的提出，可以更深一层地看到中国古文化的特点，对考古实践上是有指导意义的。这一理论实际是在全国考古工作者的共同努力下，我再概括而提出的，所以是一项集体的成果。它以具体的感受上升到比较系统的理论认识，大约经历了十年时间（1965—1975年）。1975年8月间，我曾给吉林大学考古专业的同学讲过我的这一构思。

中国考古学的研究发展到这一阶段之后，就找到了在具体材料中分析、概括出社会历史特点或规律的桥梁，马克思主义与中国考古学的结合，不再是一句空洞的口号；同时，也明确了自身的社会目的，就是要同我国社会主义现代化建设这个伟大的事业相结合。1975年，胡绳同志曾做过一次关于中国科学院哲学社会科学学部（中国社会科学院前身）的形势与任务的长篇报告。他特别强调要有志气在许多学科建立自己的学派，要有中国民族气派、风格，要重视方法论的建立。他谈的是许多学科的共同任务，但对中国考古学科的发展方向、目标来说，也是非常适用，而且是非常及时的。

从那时起（1975年）到现在的十余年间，中国考古学研究发生的巨大变化正是沿着这一方向、目标而开拓前进的。对于区系类型理论来说，这是一个从理论到实践的过程。又是在实践中不断提高的过程。其中心内容有二：一是按照区系理论的观点，有选择地在各大区系范围内开展重点发掘工作。比如，辽宁东部的东沟县后洼、西部的喀左县东山嘴、建平县牛河梁，内蒙古昭盟敖汉旗的大甸子，河北蔚县西合营，晋中太谷白燕，晋南襄汾陶寺、夏县东下冯，山东烟台长岛北庄，陕西关中临潼姜寨，甘肃东部秦安大地湾，江苏吴县草鞋山、常州寺墩、圩墩，上海青浦福泉山，浙江余姚河姆渡、余杭吴家埠、反山、瑶山，湖北枝江关庙山，广东曲江石峡等重点遗址，都进行了多年的工作。二是围绕各大区系内部、外部、不同考古学文化之间的相互影响、相互作用、相互补充等关系问题进行的专题研究与横向的专题学术交流活动。比如，1982年在河北蔚县；1983年在辽宁喀左、朝阳；1984年在内蒙古呼和浩特；1985年在辽宁兴城、山西侯马；以及1986年在兰州、秦安召开的关于北方地区专题考古系列座谈会；1986年在杭州召开的纪念良渚遗址发掘五十周年纪念会（讨论1985年在嘉兴召开的太湖流域古文化会议提出的课题）和1987年在四川成都、广汉召开的讨论会（讨论1984年成都会议提出的成都、广汉两处遗址的古文化问题）等等。上述两方面的活动都是为了完成一个大型的系统工程，其最终目的是阐明把十亿中国人民凝聚到一起的中国文化体系的基础结构及其形成的过程，是为了认识中华、振兴中华，加强全国各族人民的团结做出贡献。

在这十余年中，我国广大考古工作者的集体科学实践活动已经发展到一个更高的层次，这就是：从宏观的角度，应用具体事物具体分析的方法，重新提出中国文明起源的问题，其目的是试图从考古遗迹、遗物中寻找“破密”的钥匙，解开中国文化传统（指在历史上长期起着积极作用的诸因素）是如何从星星之火扩为燎原之势，从涓涓细流汇成大江长河这个千古之谜。近年来众多的引人注目的考古新发现，既是在这一课题研究的指导下取得的成果，又使这一课题研究不断深化。比如，辽西古文化古城古国的研究，四川广汉古城的研究，以及浙江余杭良渚文化反山、瑶山大型墓地（太湖流域古文化古城古国）的研究等，都使我们认识到，这些不同地区的文化都特征明确，水平很高，源远流长，是中国文明的火花；而正是这些文明火花的迸发、传递，最后连成一片，最终成为眩人眼目的熊熊烈焰。中国文明之所以独具特色，丰富多彩，连绵不断；中华民族之所以能够形成一个统一的多民族的国家并在数千年来始终屹立在世界的东方，都与中国文明起源的多源、多样性有密切的关系。所以，研究中国文明的起源，对于中国，对于世界，也都是一项伟大的系统工程。尽管工作量很大，研究者也多有不同的角度和方法，但这一工作的前景，可以说，我们现在已经能预料到了。

今天，我国的考古事业，已不再是少数人的专业，也不再是人自为战了。考古专业是人民的事业，只有面向人民大众，才会有无穷的生命力。同时，考古事业的大众化，更需要我们在马克思主义理论指导下向更高的层次开拓前进。考古事业大众化的一个重要标志，就是考古学应当面向今天，为振兴中华做出贡献。这是时代向我们提出的任务，也是考古学研究的最终目的。

1987年8月17日于北京

〔原载《考古学文化论集》（二）〕

给青年人的话

青年朋友们：

让我先做自我介绍。我今年78岁。从1934年大学历史系毕业参加考古工作算起，半个多世纪过去了。我们之间年龄相差大约也有半个世纪。现在人们常讲，老年人与青年人之间有“代沟”，隔行如隔山，事情果真如此吗？我们之间有条鸿沟、有座大山？我不相信。如果是那样，《文物天地》编辑同志不会邀我写这篇短文，我也就不会答应下来了。为什么这样讲呢？时代不同了，现在青年人对文物、考古看法不同了，这门学科与几十年前也大不一样了。

我的学生时代，人们最关心的国家大事是救亡图存。当代人们最关心的国家大事是实现社会主义现代化、振兴中华。我当年参加考古工作时是冷冷清清，心情沉重。当代青年选择考古专业是把自己的专业看作实现国家现代化的有机组成部分，为了振兴中华做出自己的贡献。这说明我们的学科、文物考古事业再也不是“阳春白雪”，只有少数人关心的清高玩意儿了，我们之间的关系也发生了变化。

当代青年人对于文物考古，乃至整个人文、社会科学有越来越广泛的兴趣。半个多世纪以来，我国文物考古事业、学科也发生了根本变化。我的大半生的经历、成长过程和这门学科、这个事业是同步的。因此，我有一个信念，把我一生所学、所知、所得的一切公之于世，这是我的职责。如果这是青年朋友们感兴趣的，认为有益的，我将感到莫大的荣幸，这也是我最大的幸福。

一、学读天书

三四十年代，我是硬着头皮啃“天书”，寻找解释“天书”的密码。

[我] 1930至1934年读大学本科历史系，毕业后进北平研究院史学研究所。副院长李书华把我分配到考古组。1934年9月随所长徐炳旭（旭生）老师去陕西宝鸡发掘斗鸡台。1935年收工后，沿渭河调查回到西安。考古调查发掘使我有机会接触到陕西关中西部古文化考古材料。此后，一年多时间在西安着手

整理我参加发掘的百十个小墓材料，准备编写发掘报告。要消化这批材料，对于像我这样一个初学者，无疑是有困难的。首先要解决两个问题：第一，无论数以百计的单位还是以千计的器物，它们都应该有它们本来的历史的、逻辑的顺序，因此，必须使它们“各就各位”；第二，这批材料作为一批有组织的人们的群体的活动遗迹，在我国古代社会、文化史中应该有它们特定的地位和作用。因此，我必须从这部“天书”中寻找到它们原来传递信息的“密码”。才有可能认识它们的真实含义。

面对这批“哑巴”材料，[我]如痴似呆地摸呀摸，花费了多少个日日夜夜。这使我养成一个习惯，看到陶片、陶器，每每摸来摸去，也不一定有所收获。朋友中流传，说我好闭着眼睛摸陶片；我还听说，有的同学真的闭着眼睛摸陶片，据说是从我[这儿]学来的。这话三分是夸张，七分是误解，随便说说，博大家一笑罢了。对于陶器，如果以为仅凭视觉观察到的印象可以代替手感的体验，那就错了。科学是以逻辑思维反映客观世界，艺术是以形象思维反映客观世界。根据我的实践体验，形象思维对于考古学研究的重要性决不下于逻辑思维，而手感对于形象思维的作用，决不是凭视觉得到的印象所能代替的。

经过一个时期的实践摸索，我终于好像从手下几十件瓦鬲标本找到解释“天书”的密码，识破这种中国文化特殊载体的基本运动规律了。

第一，按照发生学原则找到可以排出序列的四种基本类型，用拼音字母A、B、C、D代表。

第二，拟绘出它的谱系图。

第三，推测出它从发生到衰亡的全过程，大约相当中华五千年文明史的前半段。

第四，按照它的发展史可以分为三大期——（一）原始鬲（斝），（二）斝鬲A、B，（三）鬲C、D（图一）。

从本世纪20年代到40年代是近代中国考古学成为独立学科的创始时期。从方法论角度，这时期的中国考古学有中国传统金石学因素，有近代西方考古学因素，但我们不能说它仅仅是两者的延续而没有自己的特色。

二、见物见人

五六十年代，我开始寻找新的起点，定量分析与定性描述相结合，通过解剖一种考古学文化认识社会。

1949年新中国成立，中国考古学进入一个新的历史时期。50年代初［我］写过几篇文章（《如何使考古工作成为人民的事业》、《目前考古工作中存在的问题》、《我从这个展览看

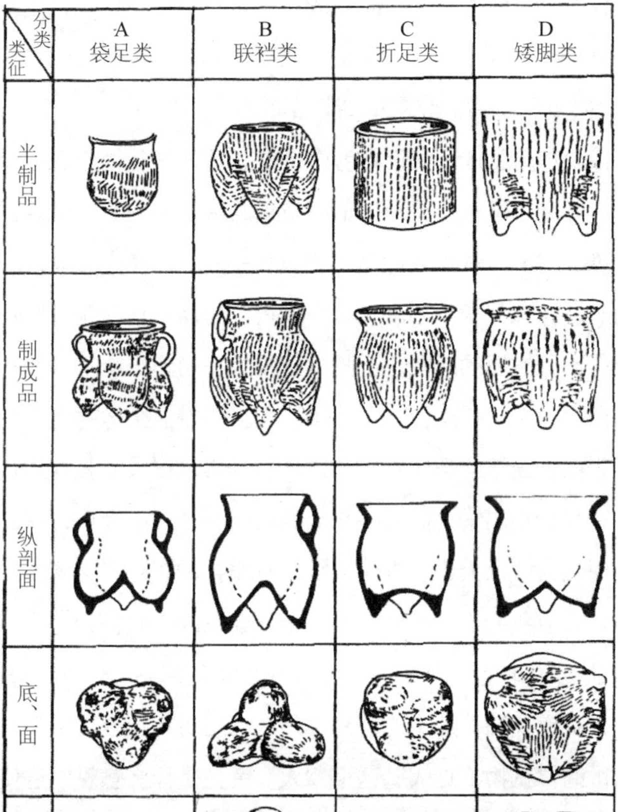

图一　瓦鬲的四种类型

到些什么》），反映了当时我的思想认识。很明显，我是在学习马克思主义经典著作、学习苏联经验和历史的反思中寻找自己的“坐标”，寻找学科的新起点。

1952年，北京大学设置考古专业，从教学计划、课程设置到教学大纲，基本上是照搬苏联莫斯科大学的一套，虽感到学步艰难，并没有认识到此路不通。1955—1956年度毕业班同学因为对各门课程教学不满意，一而再、再而三地向领导反映情况，得不到实质的改善，于是直接给校长写信告状了。教务长亲自出马，系主任主持，召开了一次考古专业全体师生大会，让学生面对面地向教研室开炮，给我的震动很大。我这才意识到，我和青年同学之间有多么大的距离！意见一大堆，言辞尖锐，而且火气很大，乍听起来很不舒服，细想起来又感到发人深思。难道我们不是生活在同一个社会里的人吗？为什么看问题的角度如此之不同！为什么说我们讲的考古学“见物不见人”，难道我们教师讲的内容不是在探讨古代社会历史吗？同学们讲的“见物不见人”这个“人”究竟是什么意思？这使我想起抗日战争爆发后我到大后方昆明郊区黑龙潭，一个人孤零零地寻找解释“天书”密码的时候，和我同时的朋友尹达同志等跑到延安“投笔从戎”了。显然，这说明他们比我觉悟高。他去延安前想的是到前方杀敌，不料当他去到延安之后党组织却让他回去取来书稿资料，在延安写《中国原始社会史》。三四十年代分道扬镳的朋友，五六十年代我们又成为合作共事的同志。50年代的学生（特别是56届一班同学）到80年代，我们之间互相了解好像更深一层，此是后话，言归正传。

从50年代中开始，直到今天，我经常考虑的一个问题是：学科发展的需要与社会的需要两者怎样才能结合得更好。50年代提出的“见物不见人”的那个“人”字实质上包括的既是古人又是今人。从学科角度考虑，古人是第一位的。从社会现实需要考虑，今人是第一位的。马克思列宁主义是指导我们思想的理论基础，在今天是理所当然的，在当年（解放前）还是禁区。50年代考古专业师生之间在理论上不应有大的分歧，在实践上却好像确有一条“代沟”。原因是什么呢？怎样解决呢？当我实在感到为难、没辙的时候，就请尹达来给同学做报告，“建立马克思主义的中国考古学体系”的口号就是他给考古专业同学做报告时讲的。同学们听过后感到鼓舞，我也觉得有道理。不过，鼓动宣传的效力不能持久。再好的口号，也只是一种愿望，在工作中把它变为现实，还有很大的距离。

50年代末，我思想上有点开窍。同学们说我们“见物不见人”，这“人”不就是社会的人吗？我们讲的考古学文化是考古学基础理论，又是考古学方法之一，《辞海》“考古学文化”条中说：“考古学名词，用以表示考古遗迹中（特别是原始社会遗迹中）属于同一时期的有地方性特征的共同体。同一文化的遗存，有着同样形式的工具、用具和相同的制作技术等。”考古学文化就是属于人们共同体（社会）的遗存。透过遗存不就可以见到人吗？是的，但需要我们应用唯物辩证法的分析，才有可能得出历史唯物主义的解释。看来，问题恰恰就出在这里。按照《辞海》条目的解释，如果我们把考古学文化停留在静态的定性描述，我们又如何能见到那个社会的运动发展呢？解决问题的钥匙还得从考古学方法论中去找，从一种运动的物质（考古学文化）定量分析着手，找到它的运动规律，这就是我1965年发表的那篇《关于仰韶文化的若干问题》写作的指导思想，也是向50年代同学们提出的问题的第一份答卷。

这篇论文的主要论点是识别出仰韶文化的两种类型（庙底沟、半坡）既是各自独立发展，又是互相紧密依存的。这就为我们进一步认识仰韶人社会这个对立统一体的全部运动发展过程找到一把钥匙（图二、图三）。

感谢1977—1978年间宝鸡北首岭遗址发掘者们的细心工作，为我们提供了深入一步进行定量分析的宝贵资料——两种探沟中的陶片（图四）；陶片中包含两种尖底瓶的前期发育过程，证实了仰韶文化两种类型的亲体；区分出仰韶文化前期

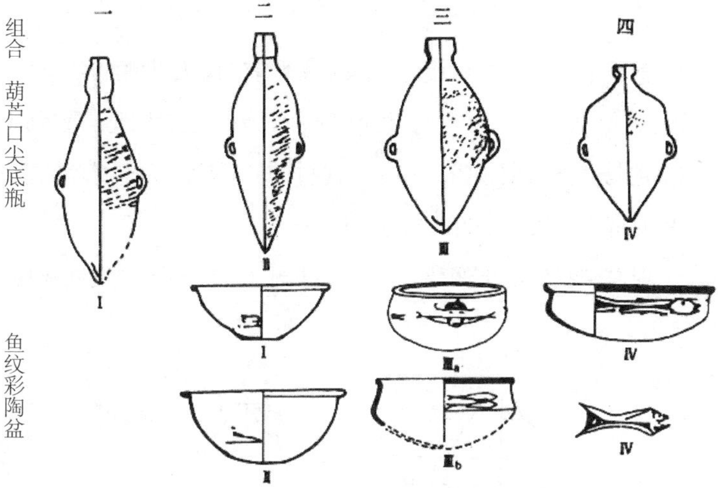

图二　仰韶文化半坡类型典型器类发展序列

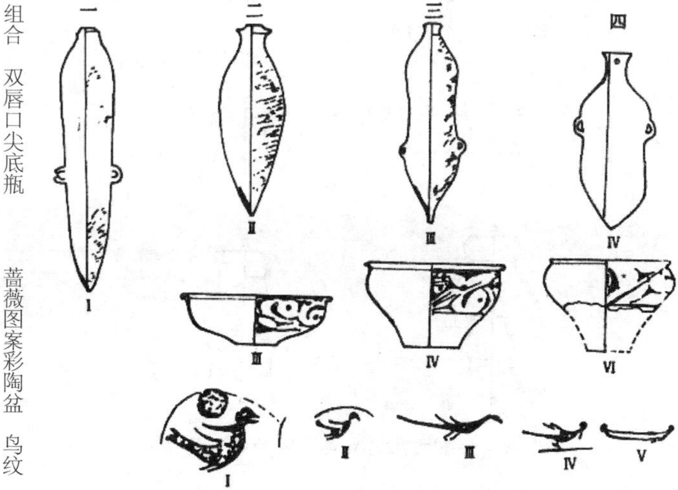

图三　仰韶文化庙底沟类型典型器类发展序列

与“前仰韶文化”的衔接点。仰韶文化前期、后期的转折点，临潼姜寨村落是相当仰韶文化前期的布局；证实华县元君庙仰韶墓地与姜寨后期相当，郑州大河村仰韶后期不完整村落的套间单元房屋年代与元君庙墓地接近。

现在，我们对于仰韶人社会（共同体）的辩证法发展及其

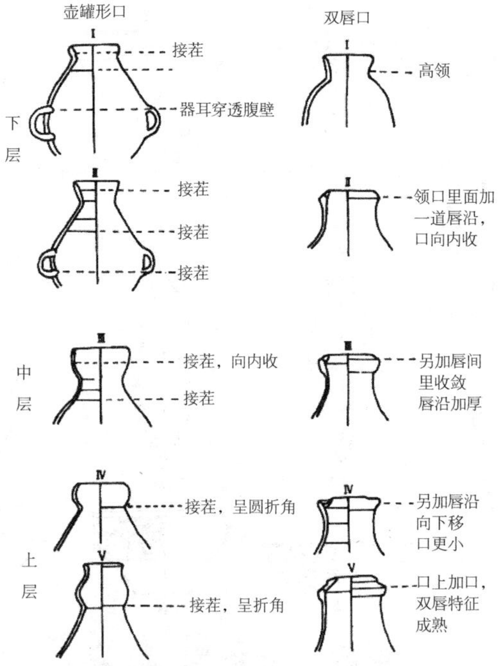

图四　仰韶文化前期典型器物的发展序列

前后两大期社会文化面貌的差异，已经可以勾划出大概轮廓了，前期是它的发生发展到成熟时期，姜寨村落遗址代表它的典型模式（氏族部落）；后期是它的社会发展最活跃、生机旺盛时期。庙底沟类型生命力最强，影响面最广。无论是元君庙墓地那种男女老幼多人合葬又排列有序的群体，还是大河村仰韶村落那样的多间套房为社会基本单位重叠分散的布局，都宣告前期的氏族社会开始解体，社会基层单位缩小了，新的社会正在孕育之中。

三、学科走向成熟

七八十年代是中国考古学走向成熟的时期。考古学文化区系类型观点的提出是它的标志之一。

近代中国考古学经历过半个世纪的迂回曲折，到此才跨出决定性的一大步，进入一个新时期。使考古工作成为人民的事业，考古学成为知我中华、振兴中华大业的一个有机组成部分，正在变为现实，不再是可望不可及的空中楼阁了。

1. 考古学文化区系类型的主要含义

它是按照中国历史特点开拓中国考古学的学术观点。它是试图把中国考古学置诸马克思列宁主义、毛泽东思想指导下的方法论、基础理论。

它和当代生物学上的“区系”概念有相通之处。从词义上看，“区系”无疑有“块”、“片”或“圈”的意思。但作为一种学术观点，它是把生物界或全人类当做整体，普遍联系的整体；仅仅是为了科学研究的需要，才划分出“区系”，这样才更有利于进行对它们内部的、外部的相互联系、相互依存与相互作用的研究。例如，我们曾试把我国考古学文化划分为六个区系，它的前提是把中国文化看作一个完整的有机的体系。又如，我们曾提出把中国文化划分为面向海洋的东南半壁与面向欧亚大陆腹地的西北半壁两大块的看法。很明显，这是把中国文化当做一个完整的、有机的体系，同时，又是以把它纳入整个世界的一个组成部分为前提的。

它是从近代考古学的考古学文化分析方法向宏观方向发展的更高的层次。它不是对考古学文化分析方法的否定或扬弃，而是为了把学科向前推进一步，使它担负起参加解决诸如中国文化体系是怎么回事，把十亿人的中华民族凝聚到一起的基础结构是怎么回事等项伟大的系统工程。很明显，这已远不是靠原来那套方法所能胜任的了。原来的对某种具体的考古学文化的分析研究不需要了吗？不是的。但需要把它纳入到新的、更高层次的范畴。这“观点”的提出正是为此开辟道路。

它为近代考古学向微观方向发展，探索诸如中国文明起源，中华民族文化传统，中国文明如何从多如繁星的火花汇聚成“灯塔”而照亮古代东方，以及从农牧业起源到三次社会大分工，从三大差别导致阶级国家出现到一统中华大国等等形成的机制。这一切将有如分子生物学引起的革命，为中国考古学的新发展创造了必要的条件，并已经在实践中提到议事日程。例如：1979年在辽宁朝阳最初发现喀左红山文化祭坛遗迹，1983年在朝阳召开小型座谈会，初步论证，肯定它是中华大地出现文明的一项重要征兆；同年又在它附近的建平发现相关的“女神庙”及“积石冢群”，1985年再一次召开的小型座谈会上进一步提出辽西最早“古文化、古城、古国”这一课题；于1986年又提出“中华五千年文明曙光”这一设想，引起海内外学者、亿万中华儿女的热情关注。我们生活在20世纪的中国考古学者已经可以预见到下一个世纪学科的光辉前景。

2. 考古学文化区系类型的提出是集体的创造

这“观点”的形成是当代中国考古学者集体创造的一个范例。

请允许我从1981年在《文物》上发表的那篇论文《关于考古学文化的区系类型问题》的来龙去脉说起吧。

1965年初，《考古学报》第一期我的《关于仰韶文化的若干问题》发表后不久，我带研究生去山东、江苏、浙江实习。这时候《光明日报》登载一条消息，对这篇文章做了简单介绍。在济南山东省博物馆、山东大学，在上海博物馆和在杭州浙江省博物馆，为了答谢主人对我们工作给予的热情协助，我做过几次学术性报告，谈的主要内容，没有遵照东道主的提示，而着重讲的都是围绕山东半岛的古文化序列，围绕太湖的长江下游古文化序列。会后听到反应还不错，这不难理解。人们对自己的乡土都有感情，对自己从事的工作也最熟悉。反馈得来的信息不能不在我思想上留下深刻印象。

紧接着就是十年动乱。1970—1972年间我们被下放到“五七”干校，到河南信阳的息县和明港参加劳动。值得庆幸的是，淮河流域的汝水之滨是黄河长江两大流域古文化的中间地带，恰是我们过去考古工作的一个薄弱环节。这使我们有机会利用星期日到附近搞起“业余考古”。这段特殊经历给我们一个最为难得的启示是：原来我们自认为对于黄河中游、黄河下游、长江中游与长江下游这四大块的古文化各自特殊的发展序列已有所了解，却把这四大块之间原有一条东南—西北（长江下游与黄河中游）走向的联络通道忽略了。这段经历对这“观点”的形成（区系内的与区系间的普遍联系的认识）起到催化作用。当时在和部分同志谈论将来田野考古怎样搞下去的问题时，我曾强调了要继续从“区系”角度开拓的设想。

回京以后，大学开课，研究所田野考古松动起来。我和野外队同志们常边整理过去积累的资料，边议论区系（域）考古的课题。这时已把注意力重点转向北起辽东湾南至珠江三角洲，整个东南沿海地带的区系考古问题，从而初步形成“观点”的完整构思。这期间我曾应吉林大学考古专业师生要求，讲过一次“中国考古学的条条块块”，“条条”指的是按时代划分的系统，“块块”指的是按区域划分的系统。后来在北京大学为考古专业同学讲过两次课，题目是“中国文化起源问题”。在中央民族学院研究部讲过一次“中国统一多民族国家的形成”，这次听讲的，据林耀华教授介绍，我们（林和我同龄）算中年人，研究部80岁以上的十几位同志才算得上高龄。还应北京钢铁学院研究所柯俊教授之邀，为冶金史组同志讲过一次“中国文化发展道路”。这几次学术报告反应还不错。这几次报告稿我原不想发表，经殷伟璋同志一再动员，我才同意由他整理并吸收反馈信息综合写成这篇《关于考古学文化的区系类型问题》。说明这篇论文也是集体创作。让我再引用1981年6月北京历史学会为纪念中国共产党成立60周年报告会上我讲话末尾的一段阐明这一点：

回顾六十年来考古学发展的历程，特别是三十年以来的考古收获,这个学科的成果不仅表现为新资料有惊人的发现，更重要的还在于不少研究工作已经在许多方面深入到探讨我国古代社会历史的基本面貌，并且已有了略具系统的认识。可以这样认为，在国际范围的考古学研究中，一个具有自己特色的中国学派开始出现了。这是半个多世纪以来，特别是三十年以来全国考古工作者大量汗水、心血浇灌的结果，也是中国共产党领导全国人民建设社会主义的胜利之一。

四、新领域的开拓

课题在深入，学科在发展。1980年前后是转折点。其标志之一是理论与实践相结合；之二是从中国文化起源到中国文明起源。

《关于考古学文化的区系类型问题》一文发表后引起的连锁反应出乎意料，几年田野考古取得的成果令人鼓舞。

1. 向中国文化体系基础结构的开拓，为认识中华添砖加瓦

70年代后期“区系类型”观点形成之后，六个“区系”内部的、外部的相互关系问题提到日程上来。北方与中原之间具

有特别相似之处：一是大体同步发展；二是同时存在若干不同文化类型的交错关系；三是两大区系间文化面貌上的近似成分最明显。因此，两者间的相互关系成为格外引人注意的课题。

从这时开始，从辽河以西到晋中、南部一线，文物普查、专业实习、配合建设或主动发掘等不同形式的多项工作，大都是围绕着这个课题展开。几年来对北方与中原两区系之间的相互关系、影响和作用问题的研究取得重要成果。

1982年张家口蔚县西合营（桑干河支流壶流河流域）一带普查与发掘工作告一段落。在工地召开的一次小型专题座谈会上，大家初步认识到该地区古文化主要特征是，源于陕西关中的仰韶文化（庙底沟类型）、源于辽西的红山文化和源于黄河河套地区的古文化交汇在一起，当时大家把它比做“三岔口”。实际上，桑干河、浑河（黄河支流）与汾河发源地交汇点（晋北）距此不远。这现象是不难理解的，但这意味着什么，都一时理不出头绪。当时辽宁省博物馆的郭大顺同志联想到辽西朝阳喀左在这期间（1979年）发现的红山文化祭坛遗迹，于是动议下年度（1983年）去朝阳开现场会，作进一步探讨。

1983年在喀左、朝阳参观现场座谈会上，大家比较一致的看法是肯定它的重要性，因为在和它大体同一时期的中原仰韶文化遗存中还没有见到过这类遗迹。同时，大家又指出这类遗迹不应是孤立的，需要继续追踪下去。辽宁博物馆的同志们这样做了。不出所料，当年就发现了同时期、相关联的女神庙和积石冢群。红山文化这类遗迹中彩陶图案（玫瑰花）源于仰韶文化（庙底沟类型）的传统脉络是清楚的，后者对于前者的影响和作用也就不辨自明了。

1984年在内蒙古呼和浩特的专题座谈会期间，大家有机会参观并讨论了河曲地带黄河两侧近年发掘发现的材料和有关问题，注意到这里发现的属于仰韶文化晚期的小口尖底瓶和三袋足斝类器的交错迹象，并对北方红山文化晚期的压印“之字纹”陶和拍印“篮纹”陶可能在这一带也曾交错存在提出线索。我们不难根据这些迹象看出，这期间（仰韶、红山晚期）北方区系对中原区系间文化的反馈作用。

这些新发现、新认识说明我们对北方与中原关系的课题研究在深入。更为重要的是它给我们的启示，让我们用简单公式表述以上新发现、新认识的运动轨迹如下：中原仰韶文化从华山脚下影响到燕山以北大凌河上游红山文化，从原路折回到燕山以南直到晋南（中原）。这给我们提供一个范例，使我们找到认识我国诸文化区系之间相互关系、影响和作用的一把钥匙：它还为我们循此途径。最终把中国文化体系（把十亿中国人凝聚到一起的错综复杂的基础结构）理出头绪开辟道路。

2. 探索华夏文明源流，为振兴中华铺路搭桥

进入80年代的中国考古学，按照它自己的发展规律，跟随时代的脚步，已经成为振兴中华这个伟大系统工程的一个有机组成部分。源远流长的中华民族文化传统是振兴中华大业的出发点，又是它的落脚点。从这个角度，当代中国考古学已进入它在现实社会生活中应站的队列。试就前边课题涉及范围举例说明。

（1）裂变与发展

例一：仰韶文化前后期中间阶段发生的裂变与发展。

前期以临潼姜砦（早期）完整的村落与墓地为代表，后期以华县元君庙墓地与郑州大河村村落遗址为代表。前后两期中间发生的裂变（一分为二）我们现在分别用庙底沟类型和半坡类型命名。前后两期间社会发展阶段明显地有所不同，我们能从两者在村落布局（包括房舍平面图）和墓地葬法上看得出来。

例二：辽西古文化“前红山文化”与红山文化前期之间发生的裂变与发展是最近二三年间的考古新发现。前者以阜新查海下层为代表，后者以敖汉旗赵宝沟、小山等遗址和阜新查海上层为代表。赵宝沟与小山遗址出土的迄今所知最早的猪头“龙”与鹿头“麟”压印纹神兽图案陶罐反映了社会发展的新阶段。

（2）撞击（或结合）与发展

例如：红山文化后期坛庙冢以及所出玫瑰花图案彩陶器、玉器与玉雕猪头龙等遗迹、遗物说明仰韶—红山文化后期不同文化传统、不同经济类型的人们在大凌河上游地带相遇（相结合）迸发出的文明火花。

（3）融合与发展

例如：内蒙古河曲地带仰韶文化晚期小口尖底瓶和当地古文化蛋形瓮结合一起，产生原始斝（三袋足加尖圆底器体），经过“斝鬲”到鬲形成的完整序列在山西省境内最具典型性。甲骨文保留的酉（）、丙（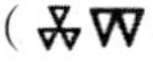）两个字的一些字形正确反映了这一过程。山西侯马晋国故城铸铜作坊遗址还保留了从晚期鬲演化到三足釜的序列。

中华民族文化传统之所以丰富多彩、连绵不断、经久不衰的原动力和源泉在哪里这个千古之谜，我们已找到一些突破口。

五、当代考古学发展的新趋势

回顾半个多世纪以来的近代中国考古学的发展史，尽管经历过一些艰难曲折，也不过“弹指一瞬间”，进步还是够快的。一个过七望八的老年人从内心深处既羡慕青年人，也感到由衷的庆幸，和大家一起赶上了真正的黄金时代。

新趋势的特点是向多学科化、大众化发展，考古学的发展需要多种学科素养的人来参加，社会上各行各业的人都能从这门学科中找到他们感兴趣的知识或材料。事实上还远远没能做到这一点，这主要是由于我们的工作还有许多薄弱环节。我们不应由此得出结论，这门学科原本就应该如此，举一件事为例，或许有助于我们进一步改变现状。

1984年北京大学考古系一、二年级几位同学发起成立“北京大学文物爱好者协会”，事前找我征求意见。我表示赞成。他们告诉我，有人建议他们把“文物”改为“考古”。他们研究后，认为还是用“文物”较好。我认为他们的想法有道理。后来在校内征集会员，参加的人很踊跃，包括14个系（中文、经济、法学、历史、生物、计算机、地质、哲学、化学、物理、地球物理、心理、英语和国际政治）的学生。成立会邀我参加，并要我讲话15分钟。上千个座位的大厅差不多座无虚席。事后我想，如果不用“文物爱好者”，而用“考古爱好者”，固然名正言顺，发起人是考古专业学生，老燕京大学与老北京大学的考古社团是我国最早的两家，在我们这样一个崇尚名牌老字号的国家或许号召力会更大一些。但实践证明，“文物”还是比“考古”更大众化、社会基础更广泛。此事虽小，但它给我们提供了一个宝贵的信息。考古这门学科从表面上看似带老古董味道，仔细想并非如此。长城作为旅游点经年吸引了以百万计的中外游人。最近中央电视台编排的《话说运河》系列节目受到亿万人的热烈欢迎。两者不都是大文物、大的考古课题吗？《话说运河》的结束语中提到长城的阳刚之美与运河的阴柔之美，两者交汇在首都北京正是我们伟大中华民族的象征。这是多么令人神往的艺术语言啊！一条丝绸之路引伸出北方草原、西南山区与海上的三条丝绸之路，这哪是老古董能干得了的事业！

好学深思、勇于探索的青年朋友们！我不相信我们中间有什么代沟、山梁。《文物天地》的广大读者同志们！文物、考古专业工作者肯定是少数，这本刊物给我们以万计的广大文物爱好者提供了园地，使我们有一个广阔的渠道交流思想，让我向他们表示感谢！向广大爱好文物的读者们致意！

1987年4月

（原载《文物天地》1987年第4期）

迎接中国考古学的新世纪

一

考古学是历史科学，不能只讲重大发现、文物精品的积累和工作流水帐，不能忽视学科本身的理论建树。我很赞赏《中国人物年鉴（1991）》编辑部约稿时的要求：集中谈1991年的工作。立足于现在去追溯过去，找活水源头；立足于现在去展望未来，才有所依据；这样，学科才富有生命力。我在1991年的工作，简而言之，是写了三篇“重建”的文章。一篇是为白寿彝主编的《中国通史》的第二卷《远古时代》所写的序言《重建中国古史的远古时代》，发表在《史学史研究》1991年第3期上；一篇是《关于重建中国史前史的思考》，发表在《考古》1991年第12期上；另一篇则是《重建中的中国史前史》，发表在《百科知识》1992年第5期上。三篇“重建”

在内容上各有侧重，但它们说明，重建中国上古史的课题已具备了主、客观条件，并提到了考古学发展的日程上。“重建”看起来似是新课题，实则是从中国考古学诞生之日就提出的老课题，是在经过六十多年的考古实践，不断提高了认识的基础上的旧话重提，并成为未来一个时期的新起点。中国考古学上有三大老课题，简言之，一曰修国史，二曰写续篇，三曰建体系。让我们来做一简要的回顾。

中国正式设置考古研究机构，最早是两家。一是设在南京的中央研究院，其中的历史语言研究所下设考古组；一是设在北平的北平研究院，其中的史学研究所也下设考古组。这一南一北，成立于1928—1929年。中研院的考古组一成立，就直奔安阳，因为那里发现了甲骨文，目的是研究商史；北平研究院的考古组先去了燕下都，后去了陕西宝鸡，因为那里出了青铜器，目的是研究先周先秦史。因此，从考古学专门机构设置之日起，目标就很明确：修国史。如何修？傅斯年讲过一句话：“上穷碧落下黄泉，动手动脚找东西。”意思是，修国史要摆脱文献史料的束缚，不拘泥于文献，考古不是为了证经补史，而是为了找出地下的实物史料，作为修国史的重要依据。考古学要从史学中自立门户。这两句话很像是考古学的“独立宣言”。所谓“写续篇”是指郭沫若在《中国古代社会研究》

一书自序中提出要写《家庭、私有制和国家的起源》的续篇。他旗帜鲜明地宣称，研究中国古代社会的目的是为了阐明社会发展史，“清算中国社会”。他的这本很有影响的巨著恰恰也是1929年出版的。所谓“建体系”，是指1958年我请尹达同志到北京大学历史系给考古专业师生作报告时他提出的要建立马克思主义的中国考古体系的重大任务。时间已过去了数十年，我这个年已84岁的老兵对这三大课题却一直未敢稍忘。现在提“重建”是新中国考古学发展的必然。这一发展历程值得我这个老兵反思，也值得有三四十年亲身考古经历、正在担当考古重任的同志们的反思，年轻的一代也需要知道。

从1949年建国算起，或从1950年建立考古所算起，可粗略地划分为三大阶段，即50和60年代为第一阶段，是困惑与解悟的阶段；第二阶段大体包括70和80年代，是历史性的转折阶段，其主要标志是区系类型理论的提出与验证，“中国学派”的提出；第三阶段即90年代的新时期，它所提出的新任务是要重建古史，面向世界，面向未来，迎接中国考古学的新世纪。

修国史也罢，写续篇、建体系也罢，都是考古学中的基础理论课题。三个课题的首倡者都是有实践经验的老一辈专家学者。50年代的考古学者，又都有解决三大课题的愿望。建国之初，我们曾请苏联专家吉谢列夫专讲苏联考古学与旧俄考古学的区别，希望学习苏联的先进经验。但只有愿望不等于问题的解决。在实际工作中仍然是忙于挖、整材料，写报告。50年代后期学术思想是很活跃的，提出了诸如要不要陶罐排队？如何向苏联学习？如何贯穿红线，如何既见物又见人？诸如此类话题，七嘴八舌，意见不一。而从实际结果看，不论是北京大学考古专业师生合作写的教材，还是中国历史博物馆建馆的新陈列，大家努力做了，却不能令人满意。脑子里装的是社会发展史，手里拿的是考古实物，以为两者相加就行了。其实是把中国历史研究简单化了。所以，直到50年代之末，三个课题中哪一个也没有把路子摸对、走通，反而产生了困惑，其实质在于理论与实践的关系没解决。困惑的明证是：北大编的教材，师生都不满意，教学还是回到原来各段自编教材的旧路。我和大家一样，也困惑过，反复思考的结果是，没有现成的路。新中国考古学的出路在于走我们自己的路。1958—1959年发掘华县泉护村遗址，从泉护村材料的整理入手，开始了走自己的路的尝试。在整理泉护村材料的过程中，同时对过去所谓的“仰韶文化”有关资料做了分析、对比，于60年代前期取得了认识上的一次突破。初步成果反映在《考古学报》1965年第1期上的《关于仰韶文化的若干问题》一文中。所谓“突破”，主要指：一是把仰韶文化的认识提高到分子水平上；一是对类型的重新界定。过去所谓“仰韶文化”覆盖范围北至大漠，南渐荆楚，西起甘青，东到鲁西。把如此大范围内有彩陶的遗存都界定为仰韶文化，显然不符合历史真实。

仰韶文化因素纷繁庞杂，后来我们筛选出三组六种因素最有代表性：一组是酉瓶（通常称小口尖底瓶），它包括葫芦口的和双唇的两种；一组是彩陶动物纹样，包括鱼纹和鸟纹两种；另一组则是彩陶植物纹样，包括菊科花纹和玫瑰花纹两种。这三组六种因素只在西起宝鸡东到伊、洛间八百里秦川的范围内发展得最充分，显现出从无到有的全过程。八百里秦川才是以三组六种因素新界定的“仰韶文化”的发生、发展的核心地区。两种酉瓶的原始形态首见于宝鸡北首岭下层，二者是共存的。后来一分为二，彼此各有发展踪迹。彩陶一盛行，鱼纹和鸟纹就分别开始了从具象到抽象的演化，各有自己的序列，两者平行发展。植物花纹与鸟纹同时存在，菊科纹样和玫瑰花纹在泉护村遗址是共存的，而且各有完整的序列。但在庙底沟遗址中就只看到了玫瑰花纹的不完整的序列，菊科花纹更少，且不成系统。如果我们沿用约定俗成的名称可以把它们分别冠之以“半坡类型”、“庙底沟类型”的话，那么，这“类型”则是被重新界定的概念。两类型是同源且平行发展的。有些遗址发现了半坡类型在下、庙底沟类型在上的地层，这并不悖于我们的结论，庙底沟类型的较晚遗存可以在半坡类型较早遗存之上。此外仰韶文化的三组六种因素在八百里秦川之外的相当大的地区内偶能看到，但都不成系列，这只能视为置根于关中的仰韶文化的影响所及。对外影响最大的一支是以玫瑰花纹为代表的一支。

在确定了“仰韶文化”空间，即“区”的同时，还对它的纵向发展“系”作了考察。关中的仰韶文化跨越了距今7000至5000年的两千年，以距今6000年为界，又可划为前后两期。仰韶文化有其根源，我们称之为“前仰韶”（即一般称为老官台文化，我最初是从北首岭下层认识它的），大约在7000年前。仰韶文化之后有个“后仰韶”（即一般称某某二期和某某龙山文化者，我用“后仰韶”代表该地区一个时代的遗存），大约也有1000年。那么，八百里秦川的无文字可考的农业文化历史就又可分为四期，后二期是距今6000—5000年间的仰韶后期和距今5000—4000年间的“后仰韶”。我们之所以特别看重距今6000年这个界标，因为它是该区从氏族向国家发展的转折点。这并不是说距今6000年前已出现了国家，而是说氏族社会发展到鼎盛，由此转而衰落，文明因素出现，开始了文明、国家起源的新历程。距今6000年，社会生产技术有许多突破，社会一旦出现了真正的大分工，随之就会有大分化，人有了文、野、贵、贱之分。酉瓶和绘有动、植物纹样的彩陶并不是日常使用的汲水罐、盛饭盆之类，而是适应专业神职人员出现的宗教上的特需、特供。再从聚落形态上看，姜寨所揭露的那个聚落平面是属于距今6000年前的。如果说它体现了氏族制度下血缘社会组织的团结向心的精神，那么，在渤海湾大黑山岛北庄所揭露的晚于距今6000年前的聚落布局，则体现了氏族制度的衰落与社会的分化（它的年代和社会发展阶段可作为仰韶文化后期遗存的参照数）。两相对照是可以看出距今6000年前后社会基层组织所发生的变化和历史性的转折的。当然这只是广义地讲，实际上，两个地区的历史事实是不能相互取代的。

总之，60年代前期把对仰韶文化的认识提高到了分子水平及类型的重新界定，使我们顿悟，不论是“修国史”还是要“写续篇”、“建体系”，都必须走这条路。恩格斯并不认为人类社会从野蛮进入文明——国家产生的道路全世界只有一条。他在研究了他所处的那个时代能得到的史料之后，提出国家产生至少有雅典、罗马、德意志三种主要形式，或说是三种模式，它们各有特点，通过不同的途径完成了人类社会发展规律所制约的由野蛮向文明的过渡、国家的产生。我们对仰韶文化的重新分析研究所得到的也只是秦川八百里地域上由氏族到国家这一大转折前后的历史，它不能代替中国大地上各地的文明起源史，但它却是中国国家起源和中华民族起源史这座大厦中的一根擎梁柱。由此启发我们，在960万平方公里的中华大地上不知有多少这样的文化区系确确实实地存在过。

在上述的这一解悟过程中，1965年那篇文章可以说是一个突破性标志，但它的发端却不是从60年代开始的。记得50年代前期，我们在西安附近调查时，把所见遗存分别称为文化一、文化二和文化三。当时有人不理解，说这些不就是梁思永的后岗三叠层吗？不就是仰韶、龙山与小屯吗？为此我同梁先生进行过切磋，我说，这文化一，是关中，与后岗下层不是一回事；这文化二，也与后岗中层不是一回事；这文化三与小屯更不是一回事，不是殷的而是先周的。梁先生同意这一观点。再往前追溯，大约从三四十年代整理斗鸡台资料时，就已产生了不同地区有自己的文化发展脉络，商周不同源的想法。而认真的思考，确实是为解脱50年代的困惑才开始的。1965年文章发表之后的几年时间，这一解悟过程仍在继续。对仰韶文化的再认识，实际上起到了解剖麻雀的作用，而这一认识的逐步深化，就是七八十年代提出的区系类型理论不断酝酿成熟的过程。

二

20世纪的70—80年代是中国考古学发展史上走向成熟的转折期。我们经过60年代的摸索与解悟，终于找到一条有中国特色的考古学发展道路，一个带有根本性的学科理论，这就是区、系、类型理论。我们对仰韶文化的再认识，把对考古学文化的认识提高到分子水平，对“类型”做重新界定，这是一项方法论上的突破。用研究仰韶文化所取得的新观点、新方法相继考察各地的史前文化遗存。在60年代前期曾对山东地区的大汶口文化遗存，沪、杭、宁地区的马家浜、良渚文化遗存做过较详细的考察分析。1975年8月给吉林大学考古专业师生做报告时第一次提出区、系、类型的理论。它是中国文化起源、文明起源、从氏族到国家、从原始古国到“方国”、到多源一统帝国发展史、中华民族多元一体格局的形成史等重大课题研究的基础。在研究上述诸重大历史问题时，一定要首先注意实际存在的“条条”，即系，“块块”即区，和大“块块”中的“小块块”，即分支，即类型。在现今人口分布密集的地区可分为六大区系，它们分别是面向欧亚大陆腹地的三大区：（1）以长城地带为重心的北方地区；（2）以晋、陕、豫三省接邻地区为中心的中原地区；（3）以洞庭湖及其邻境地区为中心的长江中游地区，以及面向太平洋的三大区；（4）以山东及其邻境为中心的黄河下游地区；（5）以江、浙（太湖流域）及其邻境地区为中心的长江下游地区；（6）以鄱阳湖—珠江三角洲一线为主轴的南方地区。六大区并不是简单的地理区划，主要着眼于其间各有自己的文化渊源、特征和发展道路。重要的是，各区系内的分支，即"类型"之间，存在着发展的不平衡性，在考古学上能明确显现其独具渊源又有充分发达的文化特征和发展道路的，也只是有限的一两小块。也就是说每一个大区系中各有范围不大的历史发展中心区域（常常是后来春秋战国时期大国的基点）。各大区系之间还会存在一些区系间文化交汇的连接带。只有承认"大块块"中间存在发展不平衡、千差万别的"小块块"这一史实，研究起来，才能体会到《庄子·养生篇》讲的"庖丁解牛"的故事中所谓"游刃有余"的境界。

区系类型理论提出后，得到考古学界及其他有关学科学者的极大关注。1975年下半年又在中央民族学院研究部、钢铁学院、北京大学等地应邀多次做了区系理论的报告。1977年10月在南京召开的长江下游新石器时代文化学术讨论会上，首次提出"建立马克思主义的中国特色的考古学"，并以区系的观点谈了整个东南沿海地区的新石器时代考古。1979年4月在西安召开的中国考古学会成立大会上的讲话中，曾建议以区系的观点来进行全国考古工作规划。1981年6月北京历史学会在中国历史博物馆召开的庆祝中国共产党成立60周年大会上的讲话，更加系统地阐述了区、系、类型的学说，并进一步提出“建立马克思主义的、具有中国特色的现代化的中国考古学”，即考古学上的“中国学派”的设想。

“实践—理论—再实践”的规律是认识论永恒的真理。理论从实践中来，再回到实践中去检验，并在反复实践中使之更加完善，促进学科的发展。在区、系理论与考古实践的辩证关系方面，大家共同做出了自己的努力，使之在全国各地考古工作中发挥作用。

70—80 年代几大区系考古实践

（一）关于华南地区的考古

1975—1976年间，在广东用了近半年的时间，详细观察了广东省博物馆在曲江石峡等地的考古资料，馆藏全省范围内东、西、南、北、中五块小区的重要库存资料，1978年间又仔细分析过江西博物馆与印纹陶有关诸遗址的资料。确信，过去那种把江南以及沿海广大地区古文化笼统称为印纹陶文化，认为华南没有自己的青铜文化、没有奴隶社会，只有楚、吴越文化影响下才出现的仅有约两千年的文明史的传统观点应予修正。考古实践证明：华南这一大区内虽然存在着一种共同的文化因素，即印纹陶，却分属于不同的文化区系。以鄱阳湖—赣江—珠江三角洲为中轴的地区是几何印纹陶、有肩石器及平底的鼎、豆、盘等陶器为特征的文化发展核心区。在这一地区有着印纹陶发生、发展的完整序列，其根源可上溯至万年前的万年县仙人洞。它向四周传播，在太湖以南的闽、台至粤东的潮、汕地区形成几何印纹陶分布的东翼，在洞庭湖以南湘江至西江流域形成其西翼，在湘鄂皖豫邻境地区形成其北境。有肩石器由此向南、向印度洋方向传播，有段石器则向太平洋方向传播。而平底的鼎、豆、盘则成为中国早期文明社会礼器的来源之一。

曲江石峡文化及其上层遗存是探索岭南地区从氏族到国家发展的重要环节，是探索岭南地区与其他诸文化大区系关系的重要窗口。该墓地上那些砂铺地、随葬石钺、玉琮、随葬陶质礼器（包括磨光黑陶）、随葬大小系列配套工具的墓葬，显然是属于军事首领、祭司和工匠的墓葬。在发达的氏族制度下，这三种人社会地位虽较高，但在物质生活上与一般成员并无多大的差别。但我们已能从墓葬中把他们明确区分出来，就说明由社会分工引起的社会分化，“士”、“庶”之分已经确立，氏族制度已遭到破坏，已进入文明发展的新历程。

江西吴城商代城址的发现是重大突破，说明这里的文明既与中原殷商文明有密切联系，又有地方特色，是与商王朝处于同一社会发展阶段而雄踞一方的方国。90年代在新干大洋洲的重大发现是又一极好的例证。

广东西部西江流域连续发现的一批相当于西周到春秋之际的墓葬，在墓制及青铜器上都表现了独自的特色；汕头、梅县等地出土的石戈、铜戈、大口尊等，也有鲜明的时代特色与地方特色。

总的看来，华南地区的古代社会既经历了与中原地区差不多同步的、相似的阶段性发展，即由10000年前开始的新石器时代，到距今6000年前后从氏族社会走向国家的转折，距今4000年前后由原始国家（古国）向方国的转化，直到2000年前，进入秦汉统一帝国，同时它又存在着较中原地区远为复杂的文化区系，迄今仍是我国多民族的集中区。华南古文化的区系类型问题虽已有了一些眉目，但仍是急需进一步探索的课题。

（二）关于长江下游地区的考古再实践

1977年10月在南京召开的“长江下游新石器时代文化学术讨论会”上所取得的共识至少有两点：

第一，东南沿海这一面向海洋的广大地区，相对于中原、西北黄土地带来说，有其共同的一些文化特征，其间社会发展大体同步，并在中国多民族国家形成中一直起着重要作用。

第二，东南沿海地区存在着不同的文化区系。以往所界定的大“青莲岗文化”也可分属于不同的区系：山东及江苏的淮北属于大汶口—龙山文化区系；苏鲁豫皖交界地带，即古徐夷、淮夷区，自有其渊源、特征及发展道路；以南京为中心的宁镇地区、赣东北一隅自成一区；钱塘江、太湖地区，即古吴越区属于马家浜—崧泽—良渚文化区，至于江淮之间似可基本上归入崧泽—良渚区系。

此后于1981年、1984年、1986年又多次与江浙一带的同志们共同切磋和考察，把太湖周围又区分为宁绍平原、杭嘉湖和苏淞三个小区。这一地区的田野考古取得了明显的进展。良渚文化随葬玉礼器大墓、人工堆筑坛台和大规模的遗址群的相继发现，使这一地区史前文化研究在中国文明起源研究中做出了突出的贡献。良渚文化可能已进入方国时代的问题已提到日程上来。

（三）关于山东地区及环渤海考古再实践

1977年南京会议上已提出胶东半岛—辽东半岛应独立一系，甚至长岛的史前文化亦可成为独立课题的问题。会后于

1978年，又花了近半年的时间，与十多位有志于学的同志一起，对山东诸重要遗存进行了考察。从而为环渤海课题的提出做了学术准备。此后于1987年在烟台开了第一次环渤海考古会议，以研讨黑山岛北庄遗址的全部材料为主。1988年在临淄召开的的第二次会议，着重讨论渤海西南岸古文化，提出“青州考古”的概念，齐立国的文化基础问题。1990年在大连和1992年在石家庄召开的两次会议，都是用区系类型的观点，首先立足于渤海周围各地区文化自身系列、特征的分析研究，然后把它们置于面向太平洋的东亚、东北亚这一大区系文化背景之下来研讨彼此关系问题。两次会议上，以区系理论为基础的环渤海课题得到了一些海外学者的认同与参与。

（四）关于洞庭湖周围地区的考古再实践

我们是从楚文化这一课题入手作区、系分析的。1979年中国考古学会成立大会上提出：广义的“楚文化”在秦以前和以后都是影响整个南中国的一支庞大强劲的文化大系，但它并不是从史前就如此庞大且一成不变的。研究楚文化的中心目的就是揭示楚文化形成和发展的奥秘。这一课题的研究，可以从史前材料入手，从源到流；也可从晚期材料入手，追根溯源。当时所掌握的东周楚墓材料较多。我们从江汉地区相当于商、周（包括东周）的楚文化遗存中提取出了最重要的文化分子——楚式鬲，它不同于殷式鬲、周式鬲，是与之平行发展而自成一系由楚人或楚的先人所创造的。相当于商代早期的楚式鬲，可以从湖北龙山文化石家河类型的青龙泉上层所出的鼎、斝、甗中找到它产生的基因。也就是说，楚式鬲的产生可追溯到距今四、五千年之间。再向上追溯，石家河类型形成的背景，一种可能是直接由屈家岭文化强烈影响而内容性质互不相同的、包括鄂西北地区的和三峡宜昌地区的诸原始文化遗存基础上发展而来。

我们从楚式鬲的发生、发展，在江汉地区各小文化区内的传播、进退与消长的历史过程中，可以看到它与中原夏、商、周文化的相互关系和与中原文化社会变革发展阶段的同步性。

在考古学会提出的从楚文化入手的设想其直接后果之一是，1980年湘、鄂、豫、皖四省学者联手成立了楚文化研究会。迄今几乎年年开会，促进了楚文化研究的深入进行。另一成果就是在有关地区的考古实践中用区系观点主动进行了调查、发掘。湖南的同志在彭头山发现了8000年前的文化源头，就是很好的例证。近十年来，又在洞庭湖的湖南一侧和鄂皖赣接邻地区显现出了可能为独立文化小区系的征兆。

（五）关于北方地区的考古再实践

从1979年开始，差不多用了十年的工夫进行了通盘考察、安排和实践，已取得了重要成果。从人文地理角度看，中国的广大北方可分为三大块：西北、北方和东北。西北与北方的分界线大致在包头与呼和浩特之间；北方与东北的分界当以医巫闾山、辽河为界。北方文化区系的研究是一项大的系统工程，包括了以下几个重要方面：

（1）吉林大学、山西和河北两省的文物研究所三家共同探索中原与北方文化区系联结点的收获。1979—1982年间有选择地大规模地连续发掘了冀北张家口地区壶流河流域的西合营等遗址群和在晋中地区调查到的大量遗址中选择发掘了太谷白燕遗址。在两省的发掘都取得了令人满意的成果，证明晋中太原盆地是正北方文化区的南部前沿；证明冀北地区在距今6000年前后曾是中原以玫瑰花纹样彩陶为代表的那支仰韶文化和燕山南北红山文化的联结点；距今5000年前后这里又是后仰韶文化、鄂尔多斯河套地区以蛋形器为代表的古文化和后红山文化的三岔口。多种文化的汇集与撞击，促进了西拉木伦河、老哈河流域红山文化的成熟与社会的巨变。所以1982年在西合营发掘总结座谈会上，突出地提出了辽河流域古文化的课题。

（2）关于燕山南北、辽河流域地带考古的收获，以1983年重新认识喀左东山嘴祭坛和红山文化大玉龙为契机，主动在建平、喀左、凌源三县毗邻地区调查，接二连三地发现了以坛、庙、冢和成批成套玉质礼器为代表的距今5000年前的红山文化后期遗存。它们所揭示的社会已出现了基于公社又凌驾于公社之上的初级金字塔式社会结构，明确地说已发展到类似“城邦”的早期国家即古国阶段。此外，在阜新查海、敖汉旗兴隆洼、赵宝沟发现一批距今7000年之前的重要遗存，使我们对曾被笼统称之为细石器、篦纹陶文化的遗存能从分子水平上，即抓住之字纹、篦点纹这两个特征因素的各自变化及汇合情况，做出了新的文化类型界定，并为红山文化的形成背景做出了初步回答。

夏家店下层文化的研究也取得了巨大的进展。敖汉旗大甸子大片夏家店下层文化墓地和沿英金河发现的一批和后来燕、赵、秦长城基本平行的军事城堡带，使我们可以十分肯定地认为不迟于4000年前，燕山南北地区社会的发展已超越了古国阶段，出现了凌驾于多个城邦古国之上的、需靠连锁式带状分布小城堡进行防卫的独霸一方的“方国”，进入了成熟的方国时代。而在凌源、喀左、建平三县交接区发现的基本上呈东北—西南走向的六个相当于商末周初时代的埋有青铜礼器的祭坑，说明这里在距今3000年前曾经是一个十分重要的历史舞台。这里或者就是“燕亳”的土著大国。1985—1986年的重大发现则是在作为秦帝国国门的渤海湾西岸宫殿建筑遗址群，三者（红山后期坛、庙、冢，夏家店下层城堡带，秦长城和碣石宫）共同构成一个古国—方国—帝国的完整序列。

燕山南北地区所取得的这一系列重大考古发现，使区系理论得到了充实和提高。1985年在兴城座谈会正式提出“古文化、古城、古国”的观点。后来又进而论述了由“原始古国—方国—帝国”的理论，是中国各区系由氏族到国家具有普遍意义的发展道路。

（3）1984年在呼和浩特召开的内蒙古考古会议，着重讨论了内蒙古中南部古文化区系问题。朱开沟的发掘取得了突破性收获，它不单梳理出这一地区文化发展大致脉络，这一区系与中原文化区系的关系，而且说明在距今4000—2000年间，这里存在着与中原夏、商、周文化有联系又独具特色的发达的北方青铜文化，即后来所谓鄂尔多斯青铜文化的源头。

（4）1985年在侯马召开了晋文化讨论会。这次会议的议题，既是北方考古这一系统工程中的组成部分，又是中原考古的一个重大课题。关于中原地区，是我们最先予以关注的。把对仰韶文化的认识提高到了分子水平上，对它的“类型”做了重新界定。侯马会议所讨论的则是中原与北方两大区联结地带上晋南古文化的发展脉络。或者说，要讨论的是唐叔封晋的立国基础，先于晋国的晋文化源头——晋南古文化的基础。晋南古文化的发展脉络曾总括为四句："华山玫瑰燕山龙，大青山下斝与瓮，汾河湾旁磬和鼓，夏商周及晋文公。"正如晋中是北方文化区的南沿一样，晋南是中原文化区的北沿。我们已经讨论过，在距今6000—5000年间红山文化后期的社会发展曾领先于中原及其他地区一步，率先进入古国时代，亦即产生了最早的国家和王权，我们曾称之为"中华文明曙光"。但在距今5000年以后，红山文化衰落了，代之而起的是河套古文化。大致在距今4500年左右，最先进的历史舞台转移到了晋南。在中原、北方、河套地区文化以及东方、东南方古文化的交汇撞击之下，晋南兴起陶寺文化。它不仅达到了比红山文化后期社会更高一阶段的"方国"时代，而且确立了在当时诸方国中的中心地位，它相当于古史上的尧舜时代，亦即先秦史籍中出现的最早的"中国"，奠定了华夏的根基。唐叔封此建立晋国，虽然带来了周王朝的文化，但其基础乃是晋南自有源头、自有独立发展历程的当地夏、戎结合的古文化。

（5）1986年在兰州，讨论了"长城地带"的古文化问题。它以兰州为其一端，包头—兰州一线以西即为大西北。下一步，待条件成熟之后，再就洮河、湟水流域以及河西走廊的西北古文化议题做出具体安排。在兰州着重讨论了大地湾问题。大地湾的文化仍可往东靠，它的主人属于仰韶文化系统，而不属马家窑文化系统。马家窑文化虽然有发达的彩陶，但所反映的思维方式与“仰韶人”不一样，这一点很明确。甘肃秦安大地湾遗址很重要，遗址约一平方公里，它后面是山，前面有河，两边是沟，即天堑。它拥有天然的屏障。大约在5000年前，仰韶文化的末期，出现了类似“坞壁”中心的“殿堂式”大房子遗迹。看来它已具有了早期“宫殿”的性质与作用。

（六）最后再讲一讲四川盆地考古的问题

四川盆地与洞庭湖南北既可以说是属于同一个大文化区。也可以说，四川盆地是一个相对独立的文化区。1984年在成都召开全国田野工作汇报会期间，广汉月亮湾的陶片和成都工程局同志送来的陶片给了我们十分重要的信息，说明在成都和广汉各有着不少于5000年的文化根基。三星堆两个大祭坑以及后来1986年在成都十二桥所发现的3000多年前的跨度12米的四根地梁所显现的规模宏大的建筑遗存，都使我们确认，四川盆地不仅有着源远流长的自成一系的古文化，而且在三四千年前，这里已有了既同中原夏商文化有明显联系，又独具特征、高度发达的青铜文化，并毫无疑问已处于方国时代。重要的是，成都平原，曾经存在着平行发展的古蜀与古广汉两大方国。唯其如此，直到秦汉时代，在成都平原相距50公里不大的范围内设置了蜀与广汉两郡。

第二阶段历时十多年，召开过十多次具有实质性的学术会议，重新认识了“区系的中国”，建立起了中国考古文化发展的体系结构，即在六大文化区系范围内可以涵盖为大致平衡又不平衡的多源一体的格局。对中国早期文明的认识，已不再是简单的“五千年文明古国”。正如《庄子》中那个庖丁解牛的故事所说，我们对中国考古学文化的认识也大体经历了从“皆牛也”到“无全牛”的区、系分析，然后达到得心应手“游刃有余”的境界这样三个阶段。

1987年，我为社会科学院建院十周年写了一篇《向建立中国学派的目标攀登》，其中提到1975年胡绳同志的一次重要发言给我的深刻印象。他特别强调要有志气在许多学科建立自己的学派，要有中国民族气派、风格，要重视方法论。我们这近二十年的工作正是沿着这一思路前进的。重复地说，我们这一时期所做的是两项巨大的系统工程。一是按照考古学文化渊源、特征与发展道路的差异，把中国分为面向欧亚大陆的三区和面向太平洋的三区。这两半、六区的多元一体格局就是把我们十亿中国人民凝聚到一起的基础结构和历史依据。一是围绕中国文明起源的问题，我们已经从考古学上找到了一把钥匙，来解开中国超百万年以来形成的、长期起积极作用的文化传统，是如何从星星之火成为燎原之势，从涓涓细流汇成长江大河的千古之谜。简而言之，“区、系说”是基础，而文明起源是把金钥匙。

世界上没有哪一个像中国如此之大的国家有始自百万年前至今不衰不断的文化发展大系，更没有一个国家能对如此广阔的国土上丰富多采而又相互联系的文化做出了纵、横发展的庖丁解牛式的辩证统一的研究。所以说，区系类型学说的理论、方法以及由该理论引导所走过的实践道路，所取得的巨大成果，在世界考古学中是全新的，是具有中国特色的考古学，亦即考古学中国学派形成的标志。它将对世界历史的研究起到巨大的影响。

三

从区系的中国到区系的世界与世界中的中国

20世纪、21世纪之交是人类社会发展的重大转折点，我们迎来了改革开放，祖国走向统一、学术繁荣的新时期。新时期提出了新任务，面向世界、面向未来。进一步说，考古学的新任务、新课题就是要用区系的观点看中国、看中国考古学，发展到用区系的观点看世界、看世界考古学，从而以“世界”的观点认识中国，即“世界中的中国”和重建中国古史。我们的考古学将进入一个更高的新境界，迎接中国考古学黄金时代的到来。

今日世界文化的总体格局是历史发展的结果。重新认识人类文明是世界现实生活提出的重大课题。而研究世界诸原生文明发展道路的异同及其相互作用是解决这一课题的关键。用区系的观点审视世界中的中国，重建中国古史，是涵盖古今、涉及历史的和当代的中国在世界的历史及现实中占有何种位置的大问题。也正是改革大潮中的有机组成部分。

我们已有的研究成果表明，中国古代文化自成一体，但她又包孕着面向欧亚大陆腹地的三个文化区系和面向太平洋的三个文化区系。从世界的观点来看，这六个文化区系，在大陆与海洋这两大文化圈中又分别扮演着非常重要的角色。中国在人文地理上这种“两半合一”和“一分为二”的优势也是独一无二的。因此，我们用新的观点、新的方法重建中国古史，将能奉献给世界史学家一个可供参照、比较的完整系统标尺。唯有中国的古代历史能为此做出贡献，我们已开始为此做出贡献。重建中国古史，是考古学科发展的转折点，是中国历史研究的转折点，甚至也是世界史研究的转折点。这就是为什么必须高度重视重建中国古史的时代背景。

中国古史，特别是史前史的史料来源主要来自史前考古学，但史前考古学并不等于中国史前史。史前史不等于考古资料的堆砌与综合，史前考古文化序列也不等于史前历史年表，更不等于史前史。从中国史前考古学到中国史前史，从中国考古学到中国古史，从以中国的角度研究中国到以世界的角度研究中国，这要求我们考古学者在思想观念上有一个飞跃，工作上要有个升华的过程。必须依靠正确的观点、正确的方法来驾驭浩如烟海、纷繁复杂的材料，才能对中国古史做出科学的分析与总结。这也正是我们提出“重建”的原因所在。当我们在80年代后期用区、系观点认识史前中国取得了初步成果的时候，曾着手进行了“试验性”工作。时至今日，把重建中国古史的任务正式提到全国史学、考古学者面前，条件已经基本成熟，其主要标志清楚。从宏观的角度、从世界的角度、从理论与实践结合的高度把中国古史的框架、脉络可概括为：“超百万年的文化根系，上万年的文明起步，五千年的古国，两千年的中华一统实体”，这就是我国历史的基本国情。

国史的核心是一立体交叉、多次重复的“古国—方国—帝国”三部曲。

首先是“超百万年的文化根系”。在渤海湾西侧阳原县泥河湾桑干河畔有上百米厚更新世堆积的黄土地。在更新世黄土层的顶部有10000年前的虎头梁遗址，在更新世堆积的底层有

100万年前的东谷坨文化。它们代表着目前已知的旧石器时代文化遗存的一头一尾，而且都是以向背面加工的小石器为主的组群，代表着中国旧石器文化的主流传统。值得指出的是，东谷坨人已能选用优质的燧石为原料，小型石器的类型已较固定，打制技术也较熟练，已具有明显的进步性。因此东谷坨文化并不是中国文化的源头。真正的文化源头还要到超百万年的上新世红土层中去追寻。过去所写的中国史没能认真对待这一课题，也没有条件认真论证这超百万年的文化源头。或许现在也还不能说出更多的内容。但这个超百万年的起点是确实存在的，不能忽视。

其二是“上万年的文明起步”。人类的出现以会使用工具从事劳动为标志，从此人与动物分了家。但在旧石器时代，人仍然是自然之子，并未同自然界真正分离开来，对立起来。而到了旧石器时代晚期的技术革命，带来了天赐自然资源的匮乏，人口增长，而渔猎收获又不易贮存。“穷则思变”，才引起了农业、牧业的产生，即新石器时代的革命。人对自然的大规模的破坏也就开始了。广义而言，农业的出现就是文明的根，文明的起源。这一起源可以追溯到10000年前到2000年前。证据是河北徐水南庄头发现了自10000年前至2000年前的连续的文化堆积，并测出了可信的连续的碳十四年代数据。在

10000年前的遗存中已显现出石器的专业分化。这一时期其他遗址（如虎头梁）的尖状器具备了多种安柄的形式，甚至连类似“曲内”、“直内”的石器也出现了。它们与后来的“勾兵”、“刺兵”、铲、锄之类的金属武器、工具应具有源流关系。说明一万年前人们已掌握了对付自然的新型工具和新的技术，文明已经起步。

第三，5000年前出现了由氏族向国家的转变。1985年在兴城讨论的“古文化、古城、古国”理论，是在燕山南北地带考古取得了一系列突破性成果的基础上提出的。

地处渤海湾西岸，包括北京在内的这片燕山南北地带，属《禹贡》九州之首的冀州范围。在史前时代，这里的社会发展曾居于“九州”的领先地位。七八千年前的阜新查海和赤峰地区兴隆洼的原始文化所反映的社会发展已到了由氏族向国家进化的转折点，特别是查海、兴隆洼都发现了选用真玉精制的玉器，它绝非氏族成员人人可以佩戴的一般饰物。正是在这一时代，玉被赋予社会意义，被人格化了。石制工具的专业化、制玉成为特殊的生产部门、制陶技术明显改进、彩陶已经出现等等都说明社会大分工业已形成，社会大分化已经开始。六七千年前的赵宝沟文化，以小山遗址那件刻有猪龙、凤鸟和以鹿为原型的麒麟图像的完整黑陶尊为代表，充分说明社会分化已经明显。这一地区的其他同时代的原始文化中，如北京上宅、辽宁东沟县后洼也都发现了类似的反映社会分化的一些“艺术神器”。而在中原，最早的“艺术神器”是河南濮阳西水坡的龙虎造型的蚌壳堆塑，但它的年代约距今6000年，要比燕山南北地区晚一步。顺便提一句，燕山南北的原始社会之所以发展较早，可能与这一地区的沙质土壤易于开发有关，即《禹贡》上所说冀州“厥土惟白壤”。不论赵宝沟文化还是红山文化，都有一种适应沙壤的大型石犁（或叫石耜），这种桂叶形大石器只能用来开垦疏松的沙壤。开垦黄土不行，开垦南方的红壤更不行。在南方我们所见的农垦工具是类似现代的十字镐那种工具。北方的沙壤易开垦，所以其社会发展较早、较快。但也许正是这一原因，这一带的地力也最先遭到破坏，水土流失也早，所以在红山文化之后，农区变为牧区，社会急速衰败了。我们再来说一说这一地区距今五、六千年间的红山文化，特别是在它的后期，社会发展上出现飞跃。证据是凌源、建平、喀左三县交界地带的坛、庙、冢和成批成套的玉质礼器，特别是那座直径60米、高7—8米，顶部有冶铜坩锅残片的“金字塔”，以及三县交界处在方圆数十平方公里的范围内只有宗教祭祀遗址而缺乏居住遗址的情况，以及赤峰小河西发现的一平方华里的“城址”等，都表明，不论当时有无“城圈”，社会确已进入了早期城邦式原始国家的阶段。而与此同时代的中原地区，迄今还未发现能与坛、庙、冢，成批成套玉礼器（玉龙、玉龟、玉兽形器等）相匹敌的文明遗迹。古文化、古城、古国这一历史进程在燕山南北地区比中原地区看得清楚得多，而且先走一步。就全国六大区系而言，社会发展虽不平衡，有快、有慢，但相对于历史的长河而言，史前社会发展的步伐又大体是同步的。不迟于四五千年前大体都进入了古国时代，亦即城邦、万国林立的时代。

第四，由早期古国在4000年前发展为方国，在2000年前汇入了多源一统的中华帝国这一国家早期发展的“三部曲”，是最具典型意义的中国的国家发展道路，是我们要特别予以关注的课题。国家发展的三部曲，也是在燕山南北地区看得最具体。

红山文化后期已进入了古国阶段，4000年前的夏家店下层文化时期的社会则是相当成熟的独霸一方的方国。我们不仅仅从大甸子墓地上看到了社会等级、礼制的完全形成、青铜文化的高度发达以及它同中原夏王朝的直接来往，尤其重要的是，英金河沿岸的链条式石垒城堡带，就像汉代烽燧遗址一样，串连起来就起到了“长城”的作用。城堡链以内是需要保卫的“我方”，城堡链以外则是要抵御的“敌方”。这个“我方”绝不是单个城邦式的早期国家，而是凌驾于若干早期国家之上称霸一方的“方国”，是曾盛极一时、能与夏王国为伍的大国。也许就是商人所说的“燕亳”，西周时期召公所封之“燕”地，其立国基础绝不会是野蛮的原始社会，而是高度发达、又自有来源的文明社会。召公带来了周王朝的文明因素与当地“燕亳”的土著文明社会结合的燕国文明——一种更成熟的方国文明。

秦始皇兼并天下之后，多次东巡，所到之处往往立碑刻石，以炫耀他的至尊皇帝的地位和巩固统一大业。而在渤海湾西北岸，他不仅留下了刻石，还在这里修建了东土唯一的帝国级的建筑物——帝国的国门。这就是1986年在绥中县止锚湾的墙子里、黑山头和北戴河金山嘴发现的两组三处宫殿建筑。金山嘴、止锚湾两地相距30公里，均处于伸向海中的两处小海岬的尖端，左右对峙连成一线，由此往东南直对旅顺的老铁山和山东荣成的成山头。秦始皇正是认清了这个三点一线的地理条件，才在金山嘴、止锚湾修建了堪与阿房宫比拟的规模、气魄的宏伟宫殿群作为帝国的国门。帝国国门、东巡的刻石和秦长城，都象征着渤海湾西岸这一方历经古国、方国的土地最终汇入了中华一统帝国的文明实体之中。中国史前六大文化区系虽各有不同的历史内容、不同的文化特征和历史进程，并表现出一定的不平衡性，然而却都经历了与渤海湾西岸燕山南北地区类似的“古国—方国—帝国”的历程。

与这一国家形成的历史同步发展，“中国”的概念也相应地经历了“三部曲”的发展。古史所载万邦林立的“尧舜时代”，各邦的“诉讼”、“朝贺”，由四面八方“之中国”，出现了最初的“中国”概念。这还只是承认万邦中有一个不十分确定的中心，这时的“中国”概念也可以说是“共识的中国”。而夏、商、周三代，由于方国的成熟与发展，出现了松散的联邦式的“中国”、“天下”。周天子的“普天之下，莫非王土，率土之滨、莫非王臣”的理想变成现实的是距今2000年前的秦始皇统一大业和秦汉帝国的形成。秦始皇所设诸郡，都是以各方国及方国内原有的小国为基础的。

中华民族多元一体格局的形成与发展。社会每前进一步，都会引起文化族群的组合与重组。因此重建的中国古史还应是一部超百万年以来中华民族的祖先历经无数次组合与重组，导致多元一体中华民族形成的历史。

我们可以把超百万年以来漫长的旧石器时代看作是人类在劳动中创造、塑造自身的过程，是体质与思维逐渐成熟的过程。当然也是创造文化的过程。新石器时代革命，创造出多彩的农业文化，才使我们能够从中比较清楚地看到文化族群的组合与重组的迹象。例如，我们已经认识了的前仰韶文化是一种组合，而半坡类型、庙底沟类型的出现就是一种重组。其后庙底沟类型的以玫瑰花纹样为代表的一支文化群体沿黄河、汾河上溯，在晋中、冀北至内蒙河套一带，与源于大凌河流域的红山文化汇合又产生了一系列新文化因素和组合成新的族群。他们于距今5000—4000年间又沿汾河南下，在晋南同来自四方的（主要是东方、东南方的）其他文化因素再次组合，产生了陶寺文化，遂以《禹贡》九州之首的冀州为重心奠定了“华夏”族群的根基。与此同时，在北方以至长江中、下游广大地区也发生了规模、幅度空前的大变化，即进入了“龙山时代”。有关这一时期的诸考古发现，日益清晰地展现出古史传说中“五帝时代”中原华夏诸族与蛮、夷、戎、狄四夷诸族所建诸国的分野。“五帝时代”，可以说是中华民族各支祖先组合与重组的一个重要阶段。另一个重要阶段则是自距今4000—2000年间夷夏斗争及夷夏共同体的重组与新生阶段。在这一大阶段中，如果说夏、商两代还是以“诸夷猾夏”，“诸夷率服”，夷、夏较量、互为消长为特点的话，那么西周至春战时期则是以“以夏变夷”为其主流。当然在西周春秋之世，夷夏的分野仍然存在，夷夏斗争仍然继续，所以才有孔子所发出的“微管仲，吾其披发左衽矣”的感叹和“入夏则夏”、“入于夷则夷”的追述。楚、秦、燕、齐诸大国都有“以夏变夷”的问题，并提出“尊王攘夷”的口号。但是到了孟子的时代，就与孔子时代有了明显的不同。孟子说：“只闻以夏变夷，未闻以夷变夏。”到战国末世夷夏共同体重组的历史使命已大体完成，由此奠定了中华民族多元一体格局的社会基础，秦汉帝国的建立使以夷夏共同体为主体的多元一体的中华民族形成，可以说是水到渠成。秦汉帝国及其以后，“四夷”的概念有了新的变更和新的内涵。“四夷”已不是夏商时代的“四夷”，而是指帝国之内，《禹贡》九州之外的中华民族的各个支系。而且随着历史的发展，四夷的概念仍在不断地更新。这在中国传统的正史“廿四史”中，可以清楚地得到证明。

值得注意的是，中华民族的各支祖先，不论其社会发展有多么不平衡，或快或慢，但大多经历过古文化、古城、古国这一从氏族到国家的发展道路，经历了从古国到方国，然后汇入帝国的国家发展道路。以最后一个帝国——清帝国为例，女真—满族就曾经是一个发展较落后的、长期处于“四夷”地位的中华民族成份。努尔哈赤追溯他们的历史的时候就说，由他上溯六世，即肇基王业之祖，在女真人社会内部分散的奴隶主政权间经历无数次的兼并、重组之后，才在沈阳东北二百来公里的新宾设立了帝王之位，建立了后金国，成为一方的大国。

努尔哈赤又进行了大量的兼并征战，到皇太极时代，1636年，改后金为大清，建立了满、蒙、汉三个八旗，为入主中原作了充分的政治、军事、文化及人才各方面的准备，终于完成了清帝国的统一伟业。这是秦汉后新一轮的由北方民族入主中原建立帝国，几次重复华夏族早期从古国—方国—帝国的三部曲的翻版。

只有用新观点、新方法重建的历史才能是一部内容无比丰富而又符合历史真实的中华民族形成史，才能从浩翰的史实中发现既有中国特色又具有规律性的历史发展脉络。“重建古史”不是一个短期的课题，不是只写出一本书的那么简单的任务，而是一个具有长期战略意义需要几代人努力才能逐步完成的任务。

中国的文化传统重要的是那些长期起积极作用的文化因素，中国文明、中华民族的精神与气魄，可以提出以下几点：

1. 精于技艺，善于思考。这一特点可以追溯到旧石器时代早期，如东谷坨人就有了制作小石器的传统，“北京人”用劣质石材能打制出优质的小石器。小石器的制作需要精巧的手艺，小石器的使用会创造出最早的复合工具。中国自远古以来勤于动手又动脑的传统在新石器时代各区系文化因素以及历史时期不断涌现的精巧手工艺成就乃至精耕细作的农业传统中都明显地体现出来。这种传统与中国人勤劳朴实、自强不息的美德融为一体，成为历史的和未来的中国人创造物质财富和精神财富的不竭源泉。

2. 兼容性和凝聚力。中国国家的多源一统的格局、中华民族多元一体的格局是经过超百万年，特别是近万年以来多区系文化的交汇、撞击、相互影响、相互作用的结果，是中华民族祖先各族群无数次组合与重组、团聚的结果，是文化逐渐认同、经济逐渐融合的结果。它有着坚实的历史基础，正所谓根深才能叶茂，本固才能枝荣。不论中华民族的哪一支系入主国家，都能保持住趋同、融合的总趋势。世界上没有哪一个国家能像中国这样有着超百万年传承不断的文化和民族血脉，有如此浑厚的兼容性和强劲的凝聚力。正因为如此，中国才从来未被征服过。还需提到，中国所特有的历经数千年发展的方块字文字系统在维系中国文化传统中所起的重要的纽带作用。只有以形意为基本结构的方块字才能充分适应如此辽阔的土地上诸多文化区系存在的需要，才能克服不同方言和不同语言的障碍，保证了中国和中华民族的一致性，万世长青。

3. 以形意为主体结构的方块字体现了长于形象思维的中国传统的思维方式，与“会意”结合更产生了无穷的生命力。如“酉”字在甲骨文、金文中均为象形字，象征我们前面提到的作为礼器的小口尖底瓶。“无酒不成礼”，“酉”当与“礼”有关。由此而引申出“酒”、“尊”、“奠”等字。甲骨文、金文中的“鬲”是一个三只袋足的礼器鬲的象形字。由此引申出“融”、“隔”、“鬳”等字来，其他如“止戈为武”，国家的“國”字等等。长于形象思维的中国传统思维方式在文字系统发展中表现得最为充分。

4. 玉器的社会功能及其所体现的中国传统的价值标准和道德观念。宝石与石本是一种自然矿物。把它们区别开来是人类社会发展中的一大发现，把玉从宝石中区分出来是人类社会又一重大发现。对玉情有独钟，是中国人、中国文化传统一大特征，赋予它人格化、社会化种种性质，给予它在中国社会生活中一种特殊地位，恐怕要追溯到近万年以前。在阜新查海、敖汉旗兴隆洼所发现的七八千年前的玉器，已是用经过认真选择的真玉加工而成的。在5000年前的红山文化、大汶口文化、良渚文化那个阶段上，玉器成了最初的王权象征物。同时随着“宗教革命”的到来，如史籍所载帝颛顼的“绝天地通”的宗教改革，神权由王权来垄断，一些玉器又成为通天的神器。同时玉器还成为协调人与人关系、人与自然关系的“德”的标准。周代所概括出的所谓玉有“五德”，后来又有“七德”，实际上是从史前时代就赋予玉以各种美好品德使之成为传统美德的载体。玉是传统价值观念的综合体现物。而这一文化现象为中国所独有而且常盛不衰。中国史前史中虽不必另划出一个玉器时代，但中国传统的价值观念、道德标准，却实实在在是在玉器被当成礼器、王权象征物、通神的媒介物、美德的象征物那个遥远的时代形成的，这个时代确实比“青铜时代”为早。对玉独有所钟这一文化现象，最初可能出现于北部、东部几个文化大区之内，后来随方国间文化的交流、夷夏共同体的逐步形成、传统美德得到共识，体现美德的玉器遂为中华民族所共同珍视，成为物质财富和精神财富的象征。

从区系的中国到区系的世界与世界中的中国，是90年代中国考古学的突出特点，这也是方法论上的一个大课题。要有一个思想上的飞跃。历来的中国就是世界中的中国。只有从认识论上明确这一点，才能明确具有中国特色的考古学所肩负的任务，才能更好地理解中国改革开放的历史必然性和它具有的伟大的历史意义。那么，对于考古学者来说，“世界的中国”到底意味着什么？

首先，我们有超百万年的文化根系、万年前的文明起步，有从氏族到国家的“古文化、古城、古国”的发展，再由早期古国发展为各霸一方的方国，最终发展为多源一统的帝国这样一条中国国家形成的典型发展道路，以及与之同步发展的中华民族祖先的无数次组合与重组。龙山时代的夷夏分野、特别是夏商周三代夷夏族群间的较量与消长，到春秋战国时代夷夏族群共同体的重组，再到秦汉时代及其以后几次北方民族入主中原所形成的中华民族多元一体的结构——这一有准确时间、空间框架和丰富内涵的中国历史的主体结构，在世界上是独一无二的，是中国给世界的巨大贡献。世界不能没有中国，世界史更不能没有中国史。

其次，中国自远古时代起就拥有六大文化区系，它们分别属于世界文化结构中大陆文化与海洋文化的“两半”，中国史前社会的发展与欧亚大陆的先进的古代文明社会发展大体同步。例如，从氏族到国家的转折大致都在距今6000年前；彩陶的产生，由红陶、彩陶为主发展为以灰黑陶为主的文化现象的出现也大体同步；中国东部、东北部、东南部的史前文化与东亚、东北亚、东南亚乃至环太平洋文化圈有着广泛的联系。例如，作为饕餮纹祖型的夸张、突出眼睛部位的神人兽面纹的艺术风格以及有段石器等因素与环太平洋诸文化中同类因素可能有源流关系。进入成文历史时代之后的中国边疆地区，西南、西北、东南、东北四隅正是中国与外部世界文化的联结点与桥梁。很难把中国文化与世界文化截然划分开来或对立起来。所以说中国是世界中的中国。

开放、交流是世界历史、文化发展的总趋势，也是中国历史发展的总趋势。从旧石器时代起直到今天，中国文化从来不是封闭的、孤立的。沟通中外的名人、功臣虽不绝史书，但他们的业绩只不过是综合构成、开拓疏通了世界文化交流网络中的一些环节，文化交流史上的一些辉煌的瞬间。

诚然，中国历史上有过“中华帝国无求于人”的闭关锁国的政策和时代，但事实上的内外交流几乎一天也没有停止过。陆上的丝绸之路如此，海上丝绸之路、陶瓷之路如此，不见经传的条条通衢更是如此。闭关锁国只不过是封建统治者的主观愿望而已，民间的物质文化、精神文化的开放交流从未被锁国政策真正扼杀过。所以说中国历来是世界中的中国。没有真正闭关锁国的中国。中国的正史上也从来不乏对四夷单独列传的记载。

作为中国学者，我们应有这样的认识：研究世界中的中国，既要由中国学者来做，也应有世界学人来参加，这是常理。近十多年来的改革开放政策已为进行世界性的中国考古研究开辟了广阔的道路，我们学科的成就已为这种世界性的中国考古研究打下了基础，取得了发言权。人类应当有共识，人类最终也会走向“大同”。马克思、恩格斯指出了社会发展的光辉未来是消灭阶级、消灭国家，实现“英特纳雄奈尔”；

我们从中国的历史，从有中国特色的社会主义道路的现实来看，“英特纳雄奈尔”一定会实现。

为了更好地认识世界中的中国，完成重建中国古史的任务，我们还需要采取若干切实可行的战略措施：（1）学科体系应上、下理顺。如旧石器时代与新石器时代的考古研究，不应从体制上分家，要成为有机整体。（2）边疆考古应与内陆考古均衡发展。外国考古应与中国考古并列。在学科结构上，人才培养上都应单列专项予以重视。（3）加强国际学术交流，要有明确的指导思想和良好的学术组织工作。既可把人送出去，也可把人请进来，并为这项系统工程做长远的规划。

最后，我很高兴地说：我们正处在一个伟大的时代，中国的考古学已有了自己的特色，有了自己的理论基础，有了重建中国古史的框架、脉络，我们已找到了自己在世界现实和世界历史上的立足点，我们已站到新的起跑线上。我们的考古学正从经验的考古学走向科学的考古学。我们正面向世界，面向未来，目标明确。让我们一起迎接中国考古学新世纪的到来。

（本文根据《东南文化》1993年第1期邵望平、汪遵国专访文章改写，刊于苏秉琦《华人·龙的传人·中国人——考古寻根记》，辽宁大学出版社1994年版。）

考古与中华文明杂记

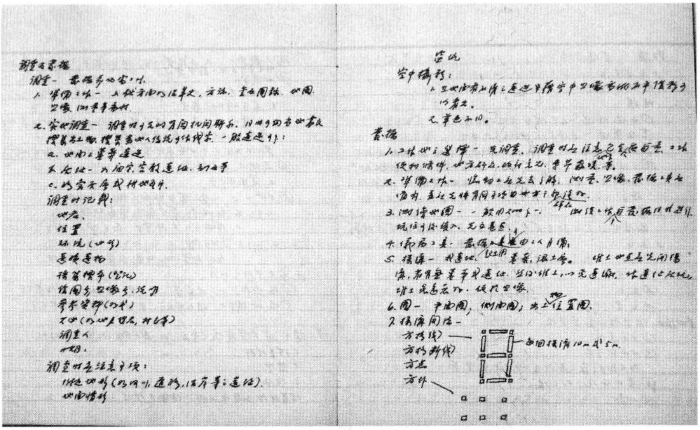

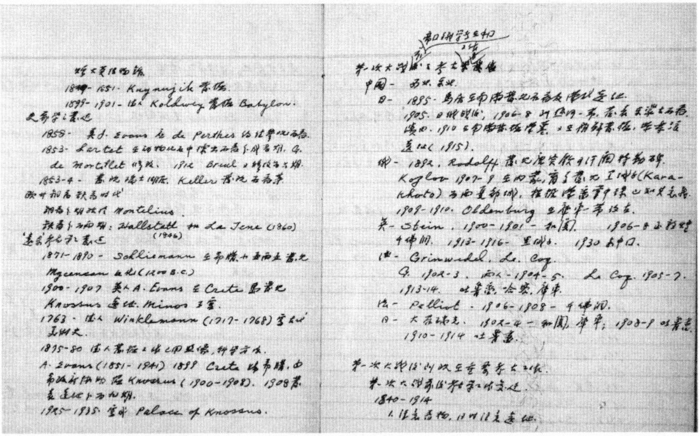

调查笔记

斗鸡台考古见闻录

（一）楔子

本院于二十二年冬，与陕西省政府合组陕西考古会。二十三年春，开始在宝鸡县的斗鸡台发掘。到了二十四年五月，才暂告结束。由所获资料证明，该遗址大约就是陈仓故城。

我自二十三年十一月随同至陕西参加工作，到二十四年六月返回北平，大约在陕西有八个月的工夫。除发掘和调查的资料都将在报告中发表外，现在把耳闻目见的一些零星事物和感想写出来，以志鸿爪。

（二）出发途中

二十三年十一月十九日早晨八点钟，我们全体工作人员随同主任徐先生，一行共十一个人，乘了省政府代备的两部载重汽车，从西京分会出发。车厢装满了行李，箱子，和一切日常及工作器具，人就坐在上边。这种客货并载的办法，是西北交通的惯例。（听说现在国营西兰公路有柴油引擎大客车）因为夜间下了一阵雨雪，早晨还阴沉沉的。穿起全套的冬装，还有点瑟缩。车离开西京，向西北开行。我们高高的坐在车上，迎着峭厉的西风，引起一种悲壮的情绪。

约一小时，到了渭河渡口。地去霸桥不远，是陕西八景之一。但看不见那画图上的两行杨柳，只有挟着泥砂的滔滔洪流。可以说是具体而微的黄河，毫无趣味！渡船很大，可以载大载重车两部。过了渭河，便是咸阳。因为这一带是周，秦，汉，唐的故都所在，远望去尽是大大小小连绵不断的丘陵冢墓，下边埋葬着我们的列祖列宗，先公先王。因此我想起了那些威名远播的民族英雄，和他们不朽的功业。只恨国势陵夷，这些轩辕的子孙们，竟将保不着祖宗的坟墓了！固然现在的关中，已经不是“天下之游”，足以“制天下之命”了。但宋南渡后，退守和尚原，中原便终不能收复。现在长城已毁，屏藩尽失，陕西仍然值得重视。

从咸阳到兴平，再到武功。穿过各县县城的时候，看见各县县城门上边都有“建设新口口”的大字标语。可是城内却除

过渭河　摄影：苏秉琦

渡船　摄影：苏秉琦

了县政府，县党部，城隍庙，学校，和中心区域的一些杂食摊，小杂货铺之外，就是许多去了屋顶门窗，只剩下颓断的土墙，罗列在瓦砾堆里的建筑遗迹，纪念那次惨剧。这都是当年书香世家的渠渠夏屋，它的主人早已生死不卜了！街上贴了许多“领照是人民的义务”，“领照可以得到种烟的权利”，这一类由禁烟机关所制的提倡种烟的标语。初看见的时候，当然觉得矛盾。可是等我们听说过去“白地派款”的情形后，又不能不承认这已经是莫大的德政了。

从武功经过扶风，岐山，到凤翔，汽车路的南边，渭河的北边，有土原连绵不断。据《扶风县志》“三时原条”条下说“《太平寰宇记》：在扶风县南二十里。今以地形考之，西抵凤翔汧水，东临武功武亭川，北临沣水，南俯渭滨，修可二百里”，大约就是指此。

所经过的几县，正当陕西盆地的中心，大致平坦。《禹贡》说“厥土黄壤，田上上”，一点不假，那种深黄而带粘性的土，在河北河南两省实不多见。我未到陕西之前，因为年年听说陕灾，总以为陕西一定是个硗角不毛之地，不然何以年年闹灾？现在我才知道原来“田”确是“上上”，所差的就是雨量不足。如果能够疏浚旧有的沟渠，广兴水利，可称天府之国。因此想到民国十九年二十年的空前浩劫，说是天灾，毋宁说是人祸！富时我们只听募捐办赈的人说，一元钱救一命，那知道一升（约三斤）小麦卖到一元八，可是一亩地还许卖不了一元八，怎么能不饿死！

沿大路两旁，树立的神道碑非常多，碑楼的建筑，有的也很讲究。其中大半是“某某处士”或“某处士之妻”，还有“待赠处士”之类。足见这种风气在陕西之盛了。我们自早晨八点钟动身，除了修理车胎，约耽搁了一小时外，路上没有休息，也没吃饭。暮色苍茫中，到了凤翔，就在栈房住下。

二十日早晨比昨日更冷。约一二小时便到汧水岸。正当秋泛之后，水势还大，汽车过不去。于是把行李箱子用具等都卸下来，改装骡车和驴驮。因为雇车和装卸，费时很久，等我们步行到斗鸡台陈宝祠的时候，已经太阳平西了。从《史记·封禅书》和《汉书·郊祀志》，我们知道这陈宝祠在秦汉两朝，颇为煊赫。国家

在陈宝祠庙宇内神像前

祀典中虽然“唯雍四畤上帝为尊”，可是“光景动人民，则为陈宝”。盛况可以想见。现在雍的四畤已经不知道在哪里。光景动人的陈宝，也式微的不堪了，现在只有不大的三间正殿，三间门洞，和四小间东西厢房。陕西考古会的临时办公处，就设在此地。各屋都门窗洞开；我们立刻找来些高粱杆作窗楞，用麻纸糊起来，然后把行李铺在旅行床上就睡了。夜间凉风阵阵，真有说不出来的凄清滋味！

（三）宝鸡方言

陕西省的中部（旧关中道）和南部，（旧汉中道）因为中间隔了秦岭，所以在自然方面，和人文方面，都有显然的差别。语言也是其一。宝鸡正当入汉中的路口，去西安和南郑的距离，大约相等。因此宝鸡的语言，有的和西安相同，例如“这里”说“ㄗㄉㄚ”，“ㄗㄣㄤ”，“ㄗㄇㄧㄢ”，“那里”说“ㄨㄉㄚ”，“ㄨㄣㄤ”，“ㄨㄇㄧㄢ”；有的和汉中相同，例如“书”“树”“叔”读“ㄏ”；更有些是宝鸡所特有的，例如说话常带“ㄌㄧㄎ”的语尾；呈一种杂揉特殊的现象。

宝鸡话不但和国语不同，和西安话也有很大的分别。当我们初到西安的时候，和本地人说话，虽然觉得有些蹩纽（别扭），大半还能听懂。可是一到宝鸡就不同了，我们说话，他们不懂，他们说话，我们不懂。过了几个月以后，才渐渐的能够和他们随便谈话，不感觉困难了。现在把所想到的凡是和国语音读不同的字，或原字不明的土语，分类举例如下：

关于土音方面

音　变

一、齐齿呼读开口呼例：

家（jia）读若“阿”（a），例如“戴a湾”“张a村”。

下（Shiah）读若“哈”（ha），例如村名“张家底下”，读若“张阿底哈”。

鞋（Shye）读若“孩”（hai）。

巷（Shiang）读若“杭”（hang）。

粘（nian）读若“然”（ran）。

二、合口呼读开口呼例：

珠或猪（ju）读若“支”（jy）。

乱（luann）读若“烂”（lan）。

谁（Shuei）读若（Sei）。

书（Shu）读若“尸”（Shy）。

颅（lu）读若“娄”（lou）。

树（shuh）读若“尸”（shy）。

三、开口呼读合口呼例：

叩头的“叩”字，一颗两颗的“颗”字读若“ㄎㄨㄛ”（kuo）。

乐（leh）读若“虏”（luoh）。

河或何（her）读若“活”（huo）。

四、齐齿呼读合口呼例：

小（Siaw）读若“绥”（Suei），譬如说“da-uoy-rik，Suei-uay-rik”，就是“大的小的”。

五、翘叶声（后舌叶音）读如平叶声（前舌叶音）。例：因为从前人把知，彻，照，澄等翘叶声当作舌音，把精，清，从，心等平叶声当作齿音，所以章太炎《古双声说》“类隔齿舌，有时旁转”。

生（Sheng）读若“僧”（Seng）。

这（jeh）读若“自”（tgyh）。

谁（Shuei）读若“ㄙㄥ”（Sei）。

山（Shan）读若“三”（San）。

寻（Shyun）读若“姓”（Sing）。

六、翘叶声读唇齿声例：

水（Shoei）读若“匪”（fei）。

睡（Shuey）读若“费”（fei）。

七、舌尖声读平叶声例：

爹（die）读若“接”（tgei）。

八、舌根声与唇齿声相混例：

我（woo）读若“俄”（ngo）。

虎（hun）读若“弗”（fu）。

九、端（d）透（t）相混例：

蛋（dann）读若“探”（tann）。

稻（daw）读若“套”（tou），“稻子”说“toutg”。

弟（dih）读若“替”（tih）。

头颅（tour-lu）读若“斗娄”（dou-lou）。

十、来（l）泥（n）相混例：

奶（nae）读若“来”（lai）。

难（nan）读若“蓝”（lan）。

暖（noan）读若“卵”（luaun）。

十一、影（y）读疑（ni）例：

眼（yean）读若“念”（nian）。

言（yan）读若“年”（nian）。

硬（yeng）读若“宁”（ning）。

十二、儿（el）日（re）相混例：

耳（eel）读若“惹”（re）。

日（ryh）读若“二”（el）。例如“el-tow”，就是“太阳”的意思。

十三、帮（b）滂（p）相混例：

白（bair）读若“佩”（pei）。

十四、精（tz）清（ts）相混例：

坐（tzuoh）读若“错”（tsuoh）。

韵　转

一、真，文，侵，元，转东，庚，青，蒸，例：

陈（Chern）（真）读若“程”（Cherng）。（庚）

很（heen）（阮）读若“横”（heng）。（庚）

分（fen）（文）读若“丰”（feng）。（东）

人（ren）读若“仍”（réng）。

秦（tsin）读若“青”（tsing）。

村（tsuen）读若“匆”（tsong）。

门（men）读若“孟”（meng）。

阵（jenn）读若“正”（jeng）。

二、阴阳对转例：

咱（tzarn）读若“卡”（Chia）。

三、隔越转例：

渭（wcy）（脂）读若“ㄩ”（yuh）。

四、支脂相转例：

虢（gwo）（支）读若“鬼”（guei）。

眉（mei）（支）读若“密”（mi）。

客（keh）读若“ㄎㄣ”（kei）。

碑（bei）读如“逼”（bi）。

麦（man）读若“墨”（mei）。

五、鱼，支，旁转例：

榆（yu）读若“曰”（ry）。

六、歌队旁转例：

白（bair）读若“佩”（pei）

关于土语方面

一、单字

bia（ㄅ-ㄚ）意如“贴”。例如“bia对子”，就是“贴对联”。

Chuo（ㄔㄨㄛ）意若“扫”。例如“chuo i-hah”，就

是“扫一扫”。

hoan（ㄏㄨㄢ）意若“歇”，或“休息”。疑是变换的“换”字。

keen（ㄎㄣ）意若“常常的”或“容易”，例如“keen出乱子”。

liao（ㄌㄧㄠ）意若“漂亮”或“美”。

Sha（ㄕㄚ）意若“头”，疑是“首”字或“什么”。

Sing（ㄙㄧㄥ）意若“寻”，或“找”。

tsei（ㄘㄟ）意若“掘”，例如“tsei土”。

tza（ㄗㄚ）意若“怎么”，例如“你tza不nian-chuan”？就是“你怎么不说话”？

ur（ㄨㄦ）意若“那边”，回答用。

二、复字

a-da（ㄚㄉㄚ）意若“那里”，发问时用。

Chia-meng（ㄑㄧㄚ　ㄇㄥ）意若“咱们”，或“我们”。

Chian-huo（ㄑㄧㄢ　ㄏㄨㄛ）意若“舒服”，或“得劲”。

dou-lou（ㄉㄡ　ㄌㄡ）意若“头颅”。

el-tow（ㄦ　ㄊㄡ）意若“太阳”。

hu-ji（ㄏㄨ　ㄐㄧ）意若“土坯”，疑即“土槊”二字。

yeh-lai-guo（ㄧㄝ　ㄌㄞ《ㄨㄛ）意若“昨天”。

you-i-ha（ㄧㄡ　ㄧㄏㄚ）意若“逛”或“玩”。

lei-dou（ㄌㄞ　ㄉㄡ）意若“奶”。

liao-huo（ㄌㄧㄠ　ㄏㄨㄛ）意若“美”或“漂亮”。

lang-tsing（ㄌㄧㄦ　ㄘㄧㄥ）意若“明白”。

man-tang-han（ㄇㄢ　ㄊㄤ　ㄏㄢ）意若“不住的出汗”。

nian-chuan（ㄋㄧㄢ　ㄔㄨㄢ）意若“说话”，疑是“言语”两字。

mian-Shy-guo（ㄋㄧㄢ　ㄕ《ㄨㄛ）意若“去年”。

ta-hu-ji（ㄊㄚ　ㄏㄨ　ㄐㄧ），意若“打土坯”。

tow-chih（ㄊㄡㄑㄧ）意若“从前”。

tsa-dah（ㄘㄚㄉㄚ）意若“奇怪”。

tzy-bang（ㄗㄅㄤ）意若“这边”。

tzy-mian（ㄗㄇㄧㄢ）意若“这边”。

try-i-cheng（ㄗㄧㄓㄥ）意若“这一阵”，或“现在”。

ua-tzy（ㄈㄚㄗ）意若“小孩”。

u-da（ㄨㄉㄚ）意若“那边”，回答用。

u-bang（ㄨㄅㄤ）意若“那边”，回答用。

w-mian（ㄨㄇㄧㄢ）意若“那边”，回答用。

三、语助或语尾：

hih　例如“Sharik”？就是“什么”？“碗哩克”。

Sd　例如“tow-chihsd”就是“从前”。

dawl　意若“到是”，例如“dawl好么”。

way　意若“的”。例如“大way，Suei way”，就是“大的，小的”。

（四）斗鸡台附近的生活和礼俗

本地人民的经济状况，都非常困窘。没有五十亩田以上的地主；没有上千元的资本家；所谓贫富，不过是大贫和小贫的差别罢了。至于贫困的原因，可以分作自然的和社会的两方面来说。

自然的原因：第一是耕地不足。例如陈宝祠所在的戴家湾，全村约六十户，耕地共不过四百亩。所以每户占地最多的不满五十亩，普通只三五亩。闹灾的时候，饿毙逃亡的，大约不下十分之三四，可以想见原来人口的稠密了。第二是雨水缺乏。因为“原地”和“坡地”占耕地的大半，所以常患雨量不足。这一带的庙宇多供着“火帝真君”，也许是苦旱的缘故。“滩地”只占一小部分，比较耐旱。有的还可以引水种稻，不过面积不大，有时河身改道，淤上一层泥沙，膏壤便立刻变成了不毛之地。

社会的原因中，最重要的，是种烟的结果：一、因为种烟占去了最好的麦田，食粮不足，还需要仰赖输入，所以价格提高。二、烟价低廉，吸食方便，因而吃鸦片极端的平民化和普通化。结果烟土出产的大半，都归本地消耗。三、人口虽然稠密，劳动反感不足，以致提倡农村副业和出外谋生，几乎全不可能。以上不过随便举出几点，至于我们所耳闻目睹关于种烟的情形，等下一篇再说。其次是高利贷的剥削。我未到陕西之前，听到前几年闹旱灾的时候，许多灾民都卖掉了亲生的子女，来多延续一会他们的垂绝的性命，他们一定早把地卖了。因此我想那时候土地的兼并，一定很剧烈。到陕西后，虽然也常听人说汉中有一县，全县的土地，都是几个地主的；三原，泾阳一带，因为有灌溉之利，有些达官富贾在那里置产。然而这种情形，在斗鸡台并不显著。土地的分配，还不大悬殊。可是高利贷却很普遍。十来亩田产的家庭，负几十元的债务的很多。利率普通十分。虽然有的稍低一点，可是当烟苗正需要上肥料的时候，那种短期借贷，普通是一元借款，还烟土五两。不过三个月的工夫，几乎就是兑本兑利！鸦片和旁的庄稼不同，非用肥料（豆饼最好）不可。种烟的人交罚款，用工人，已经化去不少的本钱，如果歉收，一定赔累。当用钱孔急的时候，也就不得不用这阎王债了。由于以上社会的和自然的两种原因，所以就在丰收之年，还是呈现非常贫乏的景象。

我们再看他们的衣，食，住，行。他们的衣服，多半只有一身，并且夜间还要穿着当被褥。十来岁的女孩子冬季只穿一件短棉袄不穿裤子的，我们也曾亲见过。简陋的情形，可想而知。衣服的材料，大都是用本地棉花，自纺自织的土布。幅宽约一尺半，一元可以买一丈三四尺。质地比河北早年所出的小布（就是手织土布）匀细，这是原棉稍好的原故。比粗市布厚重一点。可是现在四十码长，约三呎宽，十四磅重的市布，才卖六元余，比这种土布，便宜一倍多。将来因为交通便利，这种乡村手工业，恐怕不久也要步其他各地的后尘，渐归消灭。陶希圣先生曾说过："纺织是乡村抵抗都市的最后武器。"不过所谓乡村的纺织，如其想存在的话，恐怕也非采用机器不可。衣服的颜色，男子通常用靛青色，或元青，青年妇女多是大红大绿。老妇多用深毛蓝。总之都是单纯的颜色。再看城市中所着衣料的颜色的复杂情形，真让人有"目盲"之感！服装样式，男子平常都是长裤短袄，戴瓜皮帽。妇女的袄，长不到膝盖，常镶着很宽的花边。她们不戴帽子，有时候用布包头。

因为种麦比较多，所以吃麦和杂粮大约相等。面食的作法，“ㄍㄨㄛㄎㄨㄥ”最普通，其次是馒头，还有一种叫“麻糖”，就是北平的油炸麻花。“ㄙㄠ子面”就是汤面里边加些肉丁花菜。“醪糟”比江米酒淡一点，有时用它煮“麻糖”。“醪糟”和“ㄙㄠ子面”两种听说四川也有，名称和作法都一样。一天三餐，晚饭特别叫做“喝汤”，因为他们都是日出而作，日入而息，所以晚饭不很重要，和城市生活正相反。

住的问题，在这里比较容易解决，因为自然赋与了他们一种细密坚实的土壤，他们可以不须要任何材料，只要靠着原土坡化，上二十来工的劳力，就可以造成一个约两方丈大小，十来尺高的房屋——窑洞，也可以支持十来年的功夫。里边半截是土炕，洞口拿土坯垒一堵墙。留下一个小门，和小窗洞，毚安置在门里边。再有一个窑洞堆积一切农具粮食柴草和杂物等等，这就是一个五六口的家庭的住宅。两个窑洞前边，再用土坯垒一堵墙，围成一个院落，加上一个板门的就是少数了。这种住居，虽然空气不很流通，并且缺乏阳光，但它确乎是冬暖夏凉。陕西的气候虽比北平暖些，可是冬季也常在摄氏表零下七八度。他们几乎可以说没有被褥，就穿着白天的一件棉袄，睡在光土炕上，就能过冬。在夏季因为阳光晒不透，所以比普通房子的温度低。徐先生常说三伏的节气起于秦德公，（秦本纪）都公都雍，在现在的凤翔城南。大约就是因为这一带的人夏天都伏在窑洞避暑，所以叫作“伏”。因此比较富裕一点的人家，虽然有房，他们也宁愿住窑洞。房子的建筑，多用土坯墙。除了庙宇，很少用砖墙。屋顶却多半用瓦，有时也用泥。厢房屋顶的样式，都是向天井一面倾斜。

交通工具，非常的简陋。因为地势不平，所以没有大车。（贾村原上有）搬运东西用牲口驮，或用手推车。代步用驴，农闲的时候，牵着小驴，在大路上（通汉中）揽客，这是他们唯一的副业。

娱乐方面，最主要的是戏剧，陕西是秦腔的发源地，这大约是因为陕西人特别爱好戏剧的缘故，只宝鸡一县，听说就有三个戏班。近两年年境稍好一点，从旧历正月起，直到割麦的时候，几乎每一个中等的村落，都要轮流着唱一次戏。一次三天，普通代价一百元上下，其余的杂费，也须要这些。这项开销，在一个贫瘠的乡村，实在不是一个很小的数字。工人们辛苦了一天，晚上还要到一二十里外的村庄去看戏。至于因为附近村落唱戏，工人们全体都宁愿牺牲工资去看戏，以致我们的工作不能不暂停的时候，也不只一次。他们尤其好唱，随时随地，常常可以听到那种凄凉悲壮，古朴无华的歌声，正和陕西人的刚毅质实的民性一样，大约是受了那雄奇的太白太华的启示。乍听的时候，也许觉得它刺耳和单调，听惯了以后，就会觉得和那白雪皑皑的秦岭，有一种协和的美了。常有一个老汉——那可说是一位民间艺术家，到我们工作的地方来。我们给他一两支纸烟，他就高声的唱起他自撰自谱的“打白狼”“打郭坚”。工人们都倾耳静听，似乎是心领神会，大有诗人荷马的风味。

唱戏都是拿酬神为名，还有一种酬神的赛会叫“社火”。由一个村落单独的，或几个村落联合起来，在春季举行。挑选十几个或几十个儿童和壮丁，完全照舞台上的化装。人物大概是以关公为主。化装完毕以后，骑着驴或骑马，前头打着锣鼓，还有些人捧着香供。浩浩荡荡的排列成一行，在庙前边走两趟，然后到庙里烧香放炮，就完了。有的不用牲口，用木板作成舞台大小的一辆车，用十来个牛拉着，这种叫“车社火”。

社火　摄影：苏秉琦

还有“灯彩戏”，和“滦州影”仿佛。唱辞和秦腔戏剧一样，因为比大戏省钱，所以尤其普遍。二十四年春天，单只陈宝祠附近就唱了两次。

婚姻可以说完全是买卖式的。不论贫富都讲价钱，普通从三二十元到一二百元。我们曾去参观我们的一个工人结婚，他告诉我他是前几年订下的，当时只化了十八元，和几升小麦，并且说“这两年年境好一点，人很缺，不容易办了”。

婚姻既是买卖，所以仪式很简单。结婚的一天，男家预备几桌酒席，打发一乘轿子到女家。新娘坐着轿子在前面，几个伴娘和送亲的都骑着牲口，跟在后边。另外有两个人抬着嫁妆箱子。没有乐队，他们说只有丧事才用音乐。一行走到男家，在门口外边停住。男家出来一个老妇，拿一只织布机纾给新娘抱着。然后两个伴娘才把新娘扶出轿子，在铺好的一

工人结婚，新婚夫妇与媒婆。

条白布单上走到门里边。新郎便走到新娘面前，在白布单子上边，换上一双新鞋。然后隔着新娘蒙头的红巾，从新娘头上摘下一枝纸花。新郎走到院里预备好的一个香案前边，行三叩首礼。行完礼，再来领导新娘走到新房。等新娘刚刚走到门口的时候，一个人拿秤杆在后边把新娘蒙头的红巾挑下来。这时来宾给主人道喜，主人让客人入席，新娘新郎一块出来给客人叩头道谢，仪式就算完了。

男子蓄发的风气还很盛，剪发的不过十分之一二。大多数的中年人，都留着不满一尺长的发辫。这是被强迫剪掉，又留起来的。这样强迫剪掉，又私自留起来的事，据说已经不是一次了。足见改良风俗，比改良政治还难。乡人的愚顽，自然是主要的原因。可是据土人说，当军队追剿匪共的时候，曾有人因为光头而受嫌疑。所以安分的乡下人，更视为畏途了。

缠足在陕西，尤其是宝鸡最盛。有句俗话“凤翔头，宝鸡脚”。三寸金莲，在别处是夸饰，是理想，在这里几乎是普遍的事实，是起码的标准，很少例外。鞋的式样，完全是那种木底高跟的老样，镶着很宽的边。奇怪的是七八岁的女孩子，缠足的居然还占多数。提倡了许多年放足，而结果如此，照这样下去，恐怕再过半世纪还是不能够彻底。

（五）种烟·吸烟·和禁烟

陕西的种烟，已经有多年的历史。当初不过拿它当罗掘的手段，可是现在整个的社会，已经成了一个如同多年嗜毒的瘾士。再想完全禁绝，不但要影响财政的收入，人民也感觉不便了。

我们在宝鸡住了很久。二十四年五六月间，我又随了徐先生从宝鸡沿着渭河南岸调查古迹，返回省城。所经过的宝鸡，郿县，盩厔，鄠县，可说是陕西种烟的中心区域。宝鸡县种烟约二万五千亩；郿县约一万多亩；盩厔约七万亩；鄠县约五万亩（以上是领照的数目）。所以在这一次旅行中，饱看了遍地如云的罂粟花；更看见割烟季节各地所呈现的畸形的繁荣，好像烟鬼吃足了鸦片以后的兴奋情形；因感到毒化的普遍深刻，和一般人的贪图小利，真是怵目惊心！现在把所见的陕西种烟吸烟和禁烟的概况，略述如下：

罂粟的种植　罂粟是一种越年生的植物。播种和收割大致与小麦同时，叶子的形状像莴苣。茎高从二三尺到四五尺。开花有早有晚，大约都在阳历五六月间。花朵像茶杯大小，颜色非常的鲜艳，有红白紫各种。花落以后，结的实像鸡子一样，俗名叫烟棒。割烟的时候，用三四个小刀，并排着捆在一起。在烟棒上轻轻的划一周，深褐色的浆液，就慢慢的流出来。等第二天早晨，趁露水不干的时候，拿一支薄铁片把它刮下来，这就是所谓“烟土”。一个人一天最多可以割半亩。普通割两次就完了。等烟棒晒干，取出里边的烟籽，可以作油。烟土收割的多少，要看地味的厚薄，用肥料的多少，和雨量是否适宜。二十三四两年因为雨水沾足，普通割二三十两到一百两。

鸦片繁荣 沿着渭河的气候，因为地势关系，东部比西部稍暖，所以庄稼的收获，也是从东往西。我们经过宝鸡的虢镇和阳平镇的时候，烟花正在盛开。这一带因为完全是滩地，不但土质好，还可以用井水灌溉，所以种烟特别多。碧绿的烟苗，和橙黄的麦苗相间，大约烟苗占耕地全面积三分之一到二分之一。一望无际的平原上，尽是烂漫如锦的烟花。许多农夫用柳斗汲水浇地，真是一幅美丽的图画。出宝鸡县境是岐山县。诸葛武侯和司马懿相持的五丈原，就在渭水南岸，斜谷口外边。用斜谷水开成沟渠，大半是稻田。再往东到郿县，也是稻麦比烟苗多。还不到收割的时候。

那天我们从郿县动身，傍晚到了盩厔县的哑柏镇。因为我们在郿县住在太白庙，很清静整洁，所以到了哑柏镇，就先找到镇外的城隍庙。庙门封着，门前边聚了差不多有几百人，像是开会的样子。一打听才知道是雇割烟短工的“人市”。城隍庙既不能住，便到镇里去找客店。走到街上，看见来往的行人，摩肩接踵，熙熙嚷嚷。我们的骡车，几乎不能够通行。“土店”成衣铺，布店，杂货店，酒馆，还有许多搭着席棚的饮食摊，都灯烛辉煌。临时赶来营业的妓女，穿着鲜丽的衣服，依门卖俏。几家临时医院，在街墙上满贴着专治花柳病的广告，非常热闹。万想不到一个穷乡僻壤的小镇，居然也会突然的有这样的活跃现象！好容易找到了一家客店，早已经住满了“土客”。只好请乡公所代想办法，才领我们到一个空庙。庙门也封着，原来是地方上恐怕割烟的工人们进来当临时旅馆，把屋子弄脏，所以把各庙都暂时封锁起来。我们休息了一会，到街上去吃饭，已经十点多钟了。街上还人影憧憧，正在热闹时候，不论工人农人商人和土客，面上都欣欣然有喜色。因想这一切现象，可以说完全是鸦片的力量。我无以名之，名之曰“鸦片繁荣”。

次日清早，隔壁一个十几岁的小孩给我们送了水来。据他说，全家都已经下地割烟，他等我们走后，把门锁上，也还要去。看起来鸦片不但可以使贫血的社会繁荣！还可以使懈怠的人们紧张！我们因为不愿多耽搁这个小孩的宝贵时间，喝了一碗杏仁茶当早点，便匆匆的离开了哑柏。

从哑柏到盩厔县城之间，烟苗占耕地的大半。早烟正割头次，晚烟刚开花。满地都是割烟的男女老幼，每人腰间系着一个小洋铁罐，手里拿着刀片割烟。奇怪的是，居然有许多卖纸烟糖果点心的小贩，在田野里作生意。买东西不一定用钱，也可以用烟土换，所以他们都带着一个盛烟土的小罐。更有拿着戥子和两只大瓷豌的土商，坐在大路旁或树荫下边，希图用贱价收买新割下的烟土。

在盩厔本想找庙住。那知道所有的庙里，满屋都是一排一排的割烟工人。每人枕着一个砖头，躺在地上。有的在吸鸦片，有的在睡觉休息。只好到县政府住了一夜。街上的热闹情形，比起哑柏镇当然又超过几倍。在鄠城我们住在民众教育馆，晚上我到一个商店买东西，伙计问我买烟土不买，我说“不吃鸦片”，但他总不相信我不是收买烟土的“土客”。

陕西的黑化　陕西的社会既如同烟鬼，所以当他犯了瘾以后的狼狈无力的情形，正好和我们前边所见的畸形的繁荣，是一个对比。陕西烟土的市价，最贵的时候一两不过五角。两钱烟膏的代价，不过相当十枝装的金字塔烟一盒。所以鸦片在陕西可说是非常平民化。至于吸烟的普遍，尤其惊人。单单青年男子，吸烟有瘾的大约就占十分之六七。妇女吸烟的，也颇不少。它的原因，一则是价钱贱，一则是过于方便。雇工人割烟的时候，常常讲明工钱之外，加几两烟土。种烟的人辛苦一场，割下来以后，自己更不由得要藉着尝尝为名，熬几两酬劳一下自己，因此陕西人根本不吸鸦片的，真是绝少。

由于吸烟的普遍，产生两种非常严重的恶果：第一是耗费的惊人。例如代家湾种烟二十六亩，一亩平均按收割五十两计算，共合一千三百两，可是代家湾的青年男子吸烟有瘾的就有三十多个，如果每人每天吃一钱，全年就需要一千多两。固然实际种的不只二十六亩，可是吸烟的更不只青年男子。究竟陕西全省每年产烟多少？出境的占全额百分之几？到是一个有趣的问题，可惜没统计数字，不敢武断。不过从吸烟的普遍情形，可以推想生产的大部，一定都消耗在本省，输出不过少半。

第二是劳动的不足。现在举几个实例，我们在斗鸡台所用的工人四五十名，是从附近的几十个村选拔出来的。因为凡有烟瘾的一概不用。所以代家湾虽然有五六十户，壮丁也当不下五六十人。可是淘汰的结果，只有二十多个是没烟瘾的，仅占总数的小半。西汉公路的建筑工程，一半是就地征工，一半是从河南招募，据经委会方面的人说，河南来的工人，一天能作四方；本地工人，一天只能作一方（一平方丈一尺厚的土）。可见一般的工作能力之低劣。因此割烟割麦的短工，商贩，洋车夫，脚行，铁路员工，以及普通工人，从他们的语音知道许多都是河南省籍。一般人都听说上海的金融界到陕西投资，哪知道还有大量的劳动输入到陕西！这不是因为陕西的人口稀，乃是由于鸦片烟鬼，不能胜任繁重的劳动！

禁烟问题　鸦片对于国民经济和民族健康的害处，尽人皆知。然而何以政府的禁烟政策，不容易贯彻？何以陕西省政府已经允许各县自动请求禁止（例如蓝田富平），而许多禁烟区域的人民，反有怨言？何以种烟户虽然嫌烟款太重，说收割不好，还是要种？归根结底，是因为利之所在！

政府方面：关于种烟的税收，第一种是烟款。每亩正额十元。不过因为烟苗的好坏，和各地办理的宽严不同，大约人民种烟一亩，实交三元到七元（就是种烟一亩，只报三分到七分）。第二种是烟土出境的特税。听说去年（二十四年）已经由每千两一千元，加到一千三百元，那么假如一亩的产量是五十两，政府除了可以收烟款五六元之外，如果加上出境的特税六十五元，岂不是人民种烟一亩，政府竟可收税到七十余元之多！

种烟户方面：假设一亩割烟五十两，市价三两一元，约合十七元。除了交五六元罚款，付三四元人工，用一二元肥料外，至少可以剩余五元。割到一百两，差不多就可以赚二十元。如果种麦，就令收到一石（约三百斤）共值才六元。除去人工纳粮，最多不过剩四五元。比较起来，种烟不但利厚，并且容易出售，人民又何乐而不为呢？我们从鄠县回长安的路上，在长安县境的一个小镇吃午饭。因为长安县已经提前禁烟，而这个小镇则近接鄠县。眼看着种烟区域的热闹情形，无怪乎饭馆伙计们谈话间，露出非常羡慕和抱怨的意思。由此也可见舆情之一斑。

现在省政府为了奉行中史的禁烟政令，已经进行分期禁绝的计划。以县为单位，每期禁绝三分之一。但是种烟原不是各地都相宜。计划内第一二期禁绝的县分，多半是不宜种烟，或产量较少的。种烟最多的地方，大都列在最后。所以现在事实上，种烟的数目还很大。我们相信政府当局这次禁烟的决心和诚意。我们深切盼望政府能够排除财政的和社会的种种困难，如期禁绝，拯救出这黑化的陕西，使它成为复兴民族和国家的一个根据地。

（原载《国立北平研究院院务汇报》第七卷第二期，1936年）

姜城堡等三地调查报告

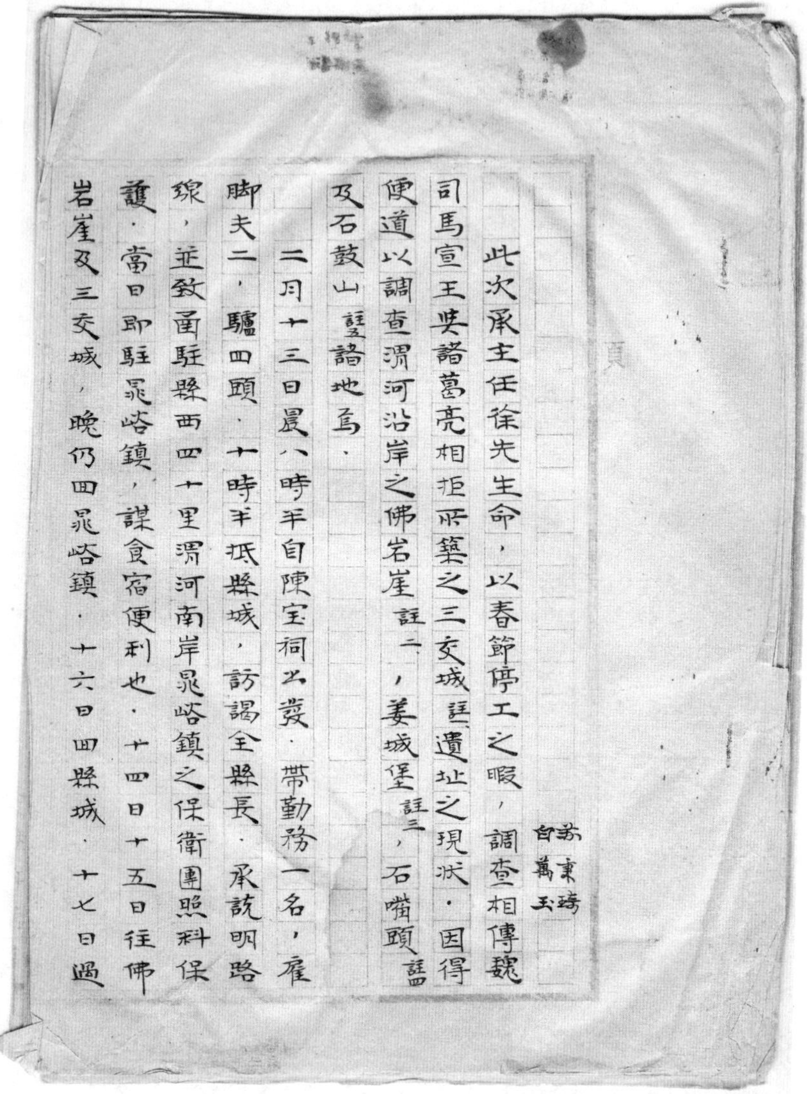
蘇秉琦
白萬玉

此次承主任徐先生命，以春節停工之暇，調查相傳魏司馬宣王與諸葛亮相拒所築之三交城註一遺址之現狀。因得便道以調查渭河沿岸之佛岩崖註二，姜城堡註三，石嘴頭註四及石鼓山註五諸地焉。

二月十三日晨八時半自陳寶祠出發。帶勤務一名，雇脚夫二，驢四頭。十時半抵縣城，訪謁全縣長，承說明路線，並致函駐縣西四十里渭河南岸晁峪鎮之保衛團照料保護。當日即駐晁峪鎮，謀食宿便利也。十四日十五日往佛岩崖及三交城，晚仍回晁峪鎮。十六日回縣城。十七日過姜城堡，經石嘴頭及石鼓山返回工次，茲將沿路見聞及調查結果，概述如下：

自縣城至晁峪鎮

土人云：隴縣有土地，岐山有周公，鳳翔有速爺，而寶雞則有火神，各主一方，享祀最崇，每當年豐歲稔，舊曆正二月間，城鄉各地，皆演唱社戲，用酬神庥，吾等出縣城時，正遇縣西十餘里林家村迎接火神之行列，除以八人轎抬偶像外，執事，鼓樂，社火及香供等綿亘里餘，浩浩蕩蕩，情形至為熱烈，神為女像，不知出自何典也，出縣城西里許，抵玉澗河，縣志每稱「左金陵，

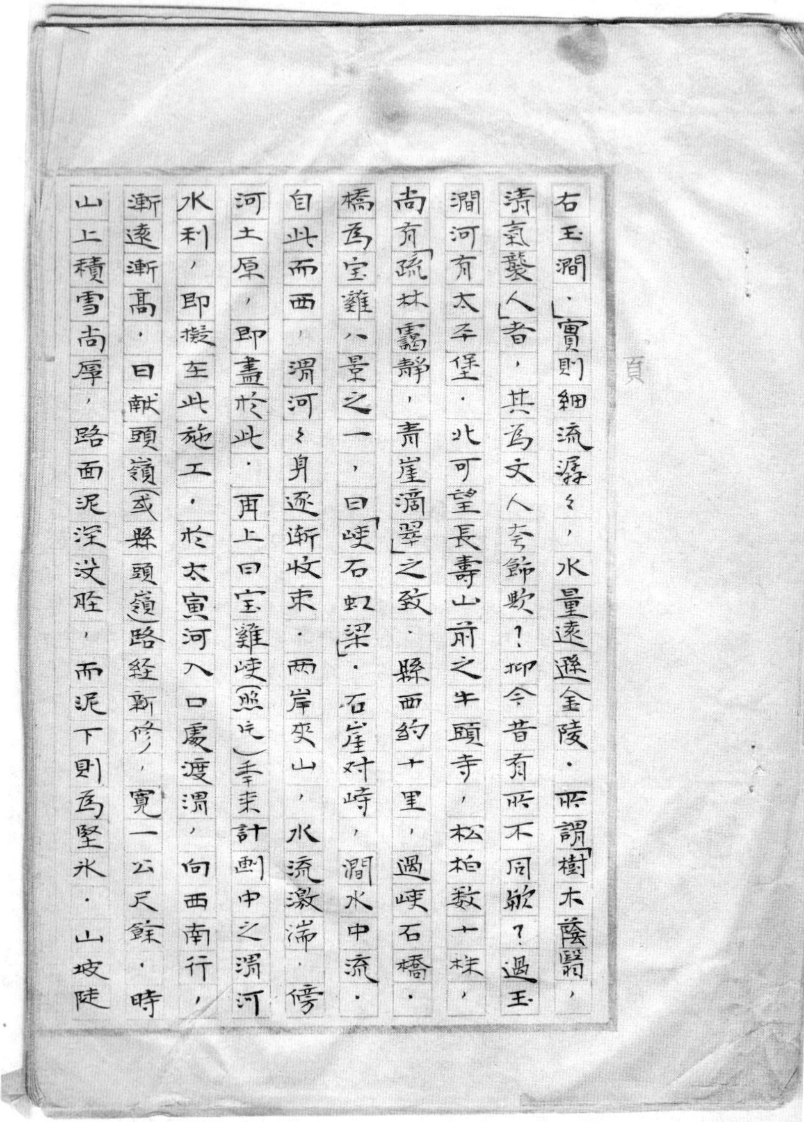
右玉澗，實則細流潺潺，水量遠遜金陵。所謂「樹木蔭翳，清氣襲人」者，其爲文人夸飾歟？抑今昔有所不同歟？過玉澗河有太平堡。北可望長壽山前之牛頭寺，松柏數十株，尚有「疏林靄靜，青崖滴翠」之致。縣西約十里，過峽石橋。橋爲宝雞八景之一，曰「峽石虹梁」。石崖对峙，澗水中流。自此而西，渭河河身逐漸收束。兩岸夾山，水流激湍。傍河土原，即盡於此。再上曰宝雞峽（照片）年来計劃中之渭河水利，即擬在此施工。於太寅河入口處渡渭，向西南行，漸遠漸高。曰献頭嶺（或縣頭嶺）路經新修，寬一公尺餘。時山上積雪尚厚，路面泥深沒脛，而泥下則爲堅冰。山坡陡

峭處，步履維艱，時虞失足。四周諸山，其傾斜處皆墾為耕田，儼如階梯，井然有序。嶺最高處，有寺曰「玉臺觀」，位於路側。下山過小寧河。離縣僅二十里，時已下午三時矣。再西行，峰迴路轉，丘嶺甚繁，起伏若浪。樹木漸多而耕地則極徒促磽确，故居民甚稀。每一聚落，户常不過三五，故圖籍中亦無其名稱。計越山頭凡四，始於暮色蒼茫中抵晁峪鎮。环鎮皆山，一径可通。住户百餘，如在釜底。於鎮西北角覓小店投宿。板門臨街，屋約兩丈見方，用土墻隔其一角，方可一丈，内外均有土匟，客住裏間，脚夫住外間，在此已算講究者矣。門檻對聯曰：進吾店有

國立北平研究院稿紙

酒有飯；出我门不飢不寒」額曰「碗大麵長」，實在並無酒飯，惟白水煮麵加麻糖（即油炸麻花）而已，然食之甚甘，蓋自縣城動身，尚未進顆粒也，饑易為食，信然！稍息去保衛團部，在月光下，全鎮景物，隱約可見，鎮外丘陵起伏，其隆起處，層々積高，略作方形，有如古巴比侖式之寺廟，至保衛團部，隊長谷君以去佛岩崖及三交城之路線見告，並派團丁保護，未談及該團所駐之普濟寺，鎮有張姓某，業油漆木匠兼能醫，治病多驗而不受酬，遂由合鎮居民眾資購料，張某一人，建造該寺，今其孫輩，猶居鎮中，繼其祖業也，寺之正殿三層，中供火帝真君，左孔子，右岳飛，旁則為張某塑像。文武人神，聚於一堂，國人信仰，固如是也。

佛岩崖

十四日晨在保衛團部早飯後，十時出發。自晁峪鎮往東，越土山後，過一小橋（照片）再登山，析而北行，約五六里抵渭河，河流紆曲湍急。渡河後，抵坊塘鋪，借保長宅休息。客室楹聯曰「光分朗苑金蓮炬；手拓陳倉石鼓文」。石鼓於陳倉，直如家珍也。詢以有無出土古器物，保長出長柄三足有流之銅鐎斗一件，高約十餘公分，口徑亦如之，柄長約二十餘公分，口緣及足均向外卷，足柄扁平，腹形如桶，至於陶類，據云亦有發現，但無完正保存者。出保長宅，沿小溪北行，地面尚不少繩紋陶片之屬。約二三里，懸崖对峙，松柏成蔭（照片）溪右「危峯崒然，如高冠，如長劍，如蹲虎，如佛頭之螺髻者」（縣志遊太平堡記）即三交城是也。（照片）溪左為佛岩崖，巨石嶙峋，玲瓏透剔，如疊如鏤，氣象雄奇，層楼叠閣，點綴其間，尤似意匠天成也。最南為睡佛廟（照片）石級百餘，廟凡三楹。睡佛長約八公尺。其北曰千佛頂（照片）有康熙三年碑，為「國史院大學士戶部尚書意先山人党崇雅」所撰，言該廟為僧淡虛重修云。又一碑卧地，文已漫滅。此外有雍正八年鑄鉄鐘，及嘉慶二

頁

十四年鑄鐵磬，泥塑佛像十尊極粗陋。再北曰祖師楼(照片)，有明嘉靖四十三年鑄香爐及民國五年重修祖師楼碑二。出祖師楼時，日已平西，遂首途返晁峪。渡渭河後，沿河南山腰小径西行(照片)山径本極狭促，更有数處為山上砂礫所掩埋，深可没脛，隨風而下，狀如流水，上則懸崖如壁，下則激流振耳，路径不辨，時虞失足，渡過後猶驚悸不已。折而南，沿溪谷行，回鎮時已星月滿天矣。

三交城

十五日晨九時，自晁峪鎮出發，仍沿昨日歸路而往，直至新城廟(照片)廟左溪谷中，與佛岩崖相对。其碑文云

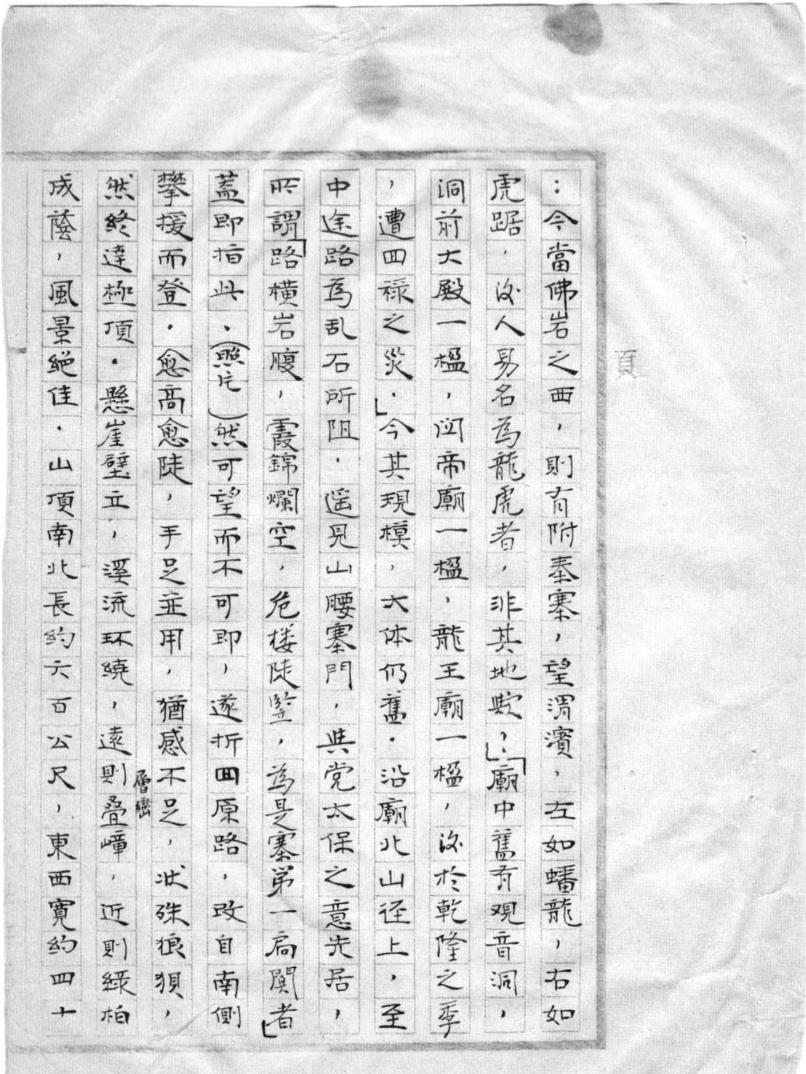
：今當佛岩之西，則有附秦寨，望渭濱，左如蟠龍，右如虎踞，故人易名為龍虎者，非其地歟？「廟中舊有觀音洞，洞前大殿一楹，關帝廟一楹，龍王廟一楹，故於乾隆之季，遭回祿之災」。今其規模，大体仍舊。沿廟北山徑上，至中途路為乱石所阻。遥見山腰寨門，其党太保之意先居，所謂「路橫岩腹，霞錦爛空，危楼陡竪，為是寨第一局關者」蓋即指此、（照片）然可望而不可即，遂折回原路，改自南側攀援而登。愈高愈陡，手足並用，猶感不足，狀殊狼狽，然終達極頂。懸崖壁立，溪流环繞，遠則叠嶂（層巒），近則緑柏成蔭，風景絕佳。山頂南北長約六百公尺，東西寬約四十

頁

公尺，其形如帶．中部隆起，東西略低．總計面積約四十畝．悉平為耕地，周圍多灌木．房舍棋布，計十餘處，然闃無居人，聞嘗為盜匪所據，居民已遷往山下矣．步行數周，未見堡寨痕迹，始悟「城闕天成」之語，不禁失笑！意先居在東面山腰，舊有木橋可通，今已朽折．又小五聖廟一，前有泉水，滴瀝不絕（照片）地表有繩紋灰陶片，含砂礫紅陶片及粗繩紋瓦片等．但不甚多．時雲霧四合，照像多模糊．經西寨門下山，渡渭河時，已近黄昏矣．

十六日自晁峪鎮返縣城，駐西漢旅館．

十七日晨八時餘自旅館出發，經縣城南，西南行，渡渭河，即達姜城堡．

姜城堡

先訪問該地住戶有無出土古物，土人遂取出陶器數件：一．灰繩紋陶壺．高約三十公分．二．黑陶瓶．高約四十公分，有龍首啣環雙耳．三．綠釉陶鼎．体圓，足短向外，兩耳高出，口緣與腹之間狀如蜂腰．經往姜城堡東遺址，為低地一塊，面積約二十畝．沿边灰土層內，陶片極多，此或因土人掘地用土而成，則暴露於外者僅遺址之一部，其整個面積，或甚廣大也．採集品計：

、粗製紅陶片——含砂礫，繩紋，刻劃紋等類、精製紅陶片—着色及不着色.

印紋灰陶片及陶环.

陶鬲足

石器—残磨製青石錛.

蚌片

陶片口緣部分，多厚而小，當為瓶，罌式尖底袋狀陶器之屬也.

自此沿渭河南岸東行，沿土坡見墓道數處.午抵石嘴頭

石嘴頭

地在茵香河西岸，突入渭河，形似半島。上有土堡，堡内居民僅四五家。據云昔有數十户，大災期間，逃亡殆盡，劫後餘生，言下猶有餘痛也！堡北沿西坡有廢窑洞多處，高可逾丈。灰土自洞頂塌下，積層甚厚，陶片隨地多有，其種類：

粗製紅陶片—含砂礫或不含砂礫，繩狀紋或刻劃紋。

精製紅陶片—着色或不着色。

灰陶片—繩狀紋，刻劃紋及去花紋。

內有寬平口緣部残片，緣寬四五公分。更有卷形口緣及扁平耳部残片等。形制亦甚大，似盂盤壺罍之屬。北端及東坡陶片甚少，東南面又較多，有粗繩紋瓦片及殘花紋磚，更得灰石鐮刀一個。石嘴頭東南坡下，茵香河旁有石鼓寺，寺僅敝屋三楹，內供佛像。有嘉慶十三年重修石鼓寺記碑，為高奮翥撰文。摘錄如下：

「去邑東南十餘里，蜿蜒南來如蛇然，自雞峯而下，偪臨渭水，其山之陽，有寺頹廢有年，荒烟蔓草荊榛滿目，遙望之不啻寒郊一荒塚耳！父老嘗曰：此古之大刹也。昔之石鼓，實出於此。丁卯冬居人謀重修焉。……為搆佛殿三楹」云。有匾額曰「鷲嶺勝瞻」。

石鼓山

自石鼓寺渡茴香河即石鼓山，山之東西兩坡均有灰土層，惟以時間甚促，足跡所至，限於北端之一小部，以吾人推測，沿西坡而南，即茴香河岸，或仍不少先民住居之遺跡也。採集所得：

精製紅陶片——不着色。

粗製紅陶片——繩狀紋。

灰陶片——繩狀紋，刻劃紋或雲花紋。

石器——完整磨製青石器（刀或鑿）一件，長十五公分半。

〔註一〕元和郡縣志云：三交城在縣西十之里。然太縣十六里並無其地。縣志云：在縣西四十里。又據縣志載党恂如遊太平堡記，言去佛岩崖不遠也。

〔註二〕佛岩崖在縣西四十里，當車轍鎮與晁峪鎮之間。省志稱：唐時岩裂，出佛五十三軀。

〔註三〕姜城堡在縣南三里，姜水南涯。遺址在堡東門外。徐先生曾於前年去年兩度調查，採集陶片石器不少。此次目的，僅欲明其分佈情形而已。

〔註四〕石嘴頭在縣東南十餘里，茵香河之左岸。

〔註五〕石鼓山在縣東南十五里。省志云：石鼓本在此山。去冬與何樂夫先生隨徐先生曾一至其地。

考元和郡縣圖志：「三交城在縣西十六里，司馬宣王與諸葛亮相拒所築」。又太平寰宇記稱：「三交故城在縣西四十六里，耆舊傳：司馬宣王與諸葛亮相拒於此，因築此城，十六國苻健於此置武都郡」。（晉咸安二年，苻堅陷仇池，置南秦州，始有武都之地。苻健稱號關中，秦河未定，僑立郡縣也。）寶雞縣志云：「三交城在縣西四十里，地處三交，因以為名。魏司馬懿於此築城以阻武侯，名太平堡」。又「為苑川縣界，苻登太初二年，乞伏乾歸據苑川，自號西秦，故俗呼為秦王寨」。又讀史方輿紀要云：「三交城在縣西三十

頁

里。夫所謂三交城者，既累見記載，必實有其地。按今址位置，與縣志符合。但其地雖有漢魏匋片，足徵古有居民，然實無城垣痕迹。地域迫促，不能築城，更無論置郡。且所謂地處三交者，亦難索解。十六里約當寶雞峽一帶，四十六里或三十里即今址上下，均無築城之迹與可能也。

寶雞秦曰陳倉，至晉縣廢，隋開皇十八年，復陳倉縣，大業十年移於今理。元和志所載州郡都城山川冢墓，當均有根據。但不載其所引用書傳名目，是其缺点。志載：三交城在縣西十六里，司馬宣王與諸葛亮相拒所築。與太平寰宇記所引耆舊傳文略同，或亦本此書而未加訂正。書

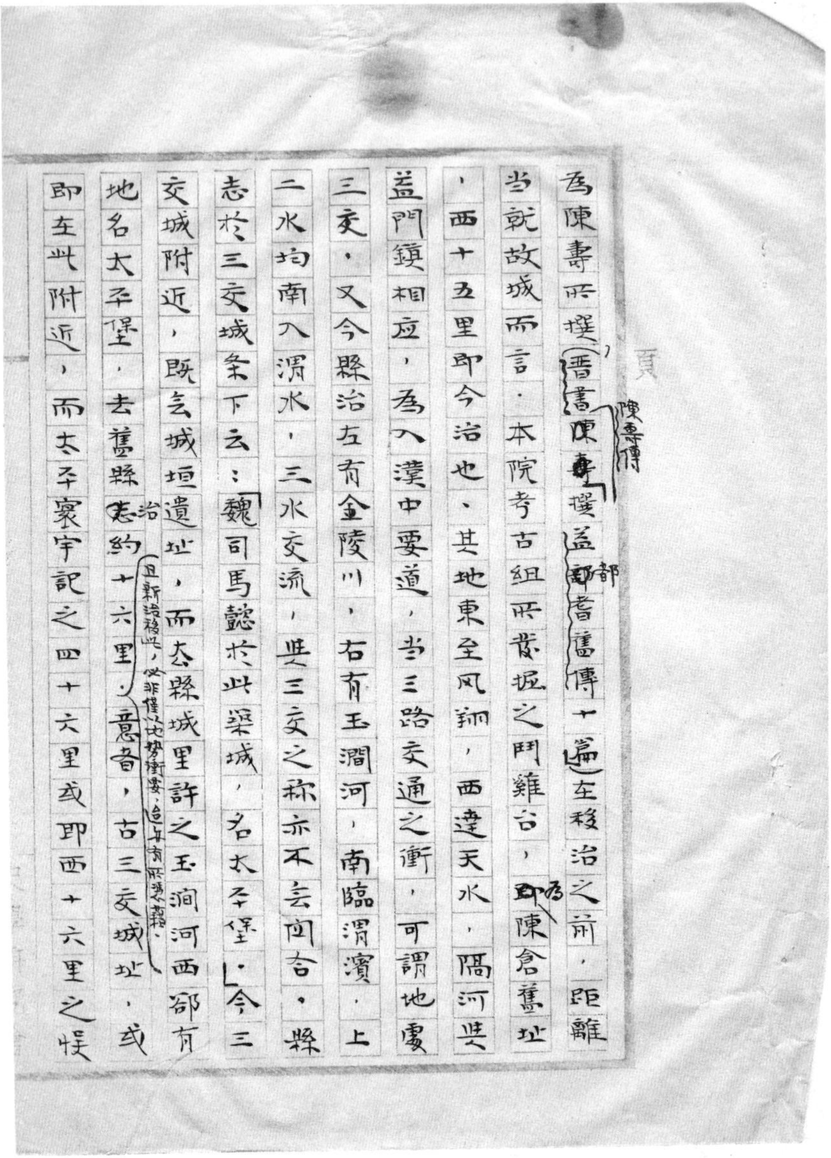
為陳壽所撰（晉書陳壽傳：陳壽撰益部耆舊傳十篇）左移治之前，距離
当就故城而言。本院考古組所發掘之鬥雞台，即為陳倉舊址
，西十五里即今治也。其地東至鳳翔，西達天水，隔河與
益門鎮相应，為入漢中要道，当三路交通之衝，可謂地處
三交，又今縣治左有金陵川，右有玉澗河，南臨渭濱，上
二水均南入渭水，三水交流，與三交之稱亦不尝不合。縣
志於三交城条下云：「魏司馬懿於此築城，名太平堡」，今三
交城附近，既尝城垣遺址，而去縣城里許之玉澗河西部有
地名太平堡，去舊縣治約十六里，意者，古三交城址，或（且新治移此，必非僅以地勢衝要，追本有所溯之義。）
即在此附近，而太平寰宇記之四十六里或即西十六里之悮

·迨遷治之後，傳襲舊說，於治西十六里及四十六里處，既不得故城之蹟，遂惧以西四十里之遺址為是。讀史方輿紀要稱三十里，或為折中諸說約略之詞乎？

至今三交城内之漢魏宙片，当自有說。按隴山介秦隴之间，「左隴卅西北六十里。山高而長，北連沙漠，南帶汧渭，面中四塞，此為西面之險。」（讀史方輿紀要）隴阪即今阪山左卅西八十里（隴卅志），自曹魏以来，秦雍多故，未尝不以隴坻為要害也。雖然，陝甘交通，隴阪初非唯一孔道。沿渭河上溯，雖不通軌轍，但有人行间道，可直達天水。今之商旅，猶多適此间。晉義熙八季，「仇池公楊盛叛擾祁五泉縣」。又讀史方輿紀要称：「靖遠衛（今靖遠縣）有苑川城，左衛西南」。又云：「宝雞有苑川城，乃苻秦僑置，後魏移置陳倉故城中」。是西秦所都之苑川無聞，此說蓋全出附會者也。

百万年连绵不断的中华文化

——苏秉琦谈考古学的中国梦

我六十年的研究过程可分为两段。前三十年主要精力花在两个方面：一是绕出两个怪圈，即根深蒂固的大一统观念和把社会发展史当做全部历史；二是找到新的起点。……第二阶段可以从1975年开始提出区系类型学说为起点。……在这二十多年中又走出了两步：一是从宏观角度，围绕中国文明的起源问题，应用区系观点选择田野工作重点并做理论探索，最终是为阐明把亿万中国人凝聚到一起的基础结构；二是从微观角度，应用分子分析的方法，围绕中国文明起源问题，对中国文化传统中长期起积极作用的因素，找到它们如何从星星之火变成燎原烈火、从涓涓细流汇成滔滔江河的“破密”的钥匙。

——苏秉琦自述

问：香港《明报月刊》总编辑古兆申先生曾拜访您，就《明报月刊》读者关心的一些问题向您请教。但他公务缠身，匆匆回港，委托我继续做这一事，我代表《明报月刊》编辑部向您致谢。

答：我正式从事考古发掘、研究已六十三年，算得上是考古界一个老兵，把所知、所得公之于世，是我的职责。

问：第一个问题是，1986年您在辽宁“兴城座谈会”上的《文化与文明》讲话中提到，对中华文明的思考，今天已不像“五四时代”那样简单，而是要构想如何建设同五千年文明古国相称的现代化文明，引申出来的思考就是：中华文明的民族灵魂是什么？精神支柱是什么？这其实也是当今中国人都十分关心的问题。由于当时您讲话的对象是考古界，着重谈了中华文明起源的几种形式，对后面的问题未作详述。现在希望谈一下这方面的想法。

第二个问题是，在您主编的《中国通史·第二卷》序言中说，中国远古史涉及两个重大问题，一是从猿到人，二是从氏族公社到国家。中国考古学半个多世纪的发掘与研究，证实这两个阶段的文化一脉相承，否定了本世纪初中国人种、中国文化外来的看法。从旧石器时代到今天，中国文化的发展连续不断，是世界上独一无二的。那么，关键性的原因是特殊的文化生态环境，抑或是特殊的物质文化造成的特殊意识形态？是世界观起了决定性的作用，还是由多种原因造成？

第三个问题是，人类社会进入文明阶段是以什么物质文化条件的出现为标志？西方考古学的论点是以文字、城郭、金属生产工具的出现为重要标志，但中国考古学界近二十年的讨论冲击了这种认识。牟永抗、吴汝祚两先生在《水稻、蚕丝和玉器——中华文化起源若干问题》一文中，以水稻、蚕丝和玉器作为中国原生文明的重要特色。他们认为，对说明中华文明起源来说，宗庙比城墙更重要，而玉器作为一种礼器，也达到了很高的意识形态层次。我们是否一定要用文字、城郭来标志文明呢？中华文化作为一个连续发展的文化体系，可否归纳出标志自己文明起源的特质呢？

第四个问题是，“玉器时代”的提法能否成立？“玉器时代”相对于“石器”、“铜器”、“铁器”三个时代而言，似乎更能表现中国文明的特色。这一提法，和其他三种时代的提法，出发点有无不同？学术界有无争议？

第五个问题是，您以“区、系、类型论”指出，中国新石器时代已出现了六大区系文明，上古的神州是多民族、多源文化并进发展的格局。秦统一后，中国仍是多民族国家，但是秦始皇提倡书同文、车同轨，又统一度量衡，使中国文化走向一体化。那么，此后先秦时的多源文化是否仍涵涉其中？秦汉的统一对中国文化往后的发展会不会改变从前那种多姿多彩的面貌？一体与多元有没有矛盾？统一的作用是积极性多，还是消极性多？

第六个问题是，您提出的“区、系、类型论”已成为当今中国考古学的基础理论。但用这一学说来论述秦以后的中国文化发展，是否依然适合？就我所知，即使对论述新石器时代也仍有争议，如安志敏先生在《论环渤海的史前文化——兼评“区系”观点》一文中所述。您对此有何评议？

答：古先生突出这样一些问题，说明他对中国考古学的现状很了解。他所提的六个问题，大致可以概括为三个大题，即考古学文化区系类型理论在史学、考古等学科研究中的作用；中国文明的起源与发展，即中国国家的形成、中华民族的形成的特点与道路；中国文化传统的精华（即精神支柱、民族魂）是什么？对于这三个问题的研究和探索，是我一生奋斗的中心。1994年当我八十五岁生日时，我的学生写了几十个字祝寿说：“历史已逝，考古学使他复活。为消失的生命重返人间而启示当今时代的，将永为师表。”他们就是这样理解我的。

在具体说明这些问题前，先叙叙家常，算作背景材料吧。我的学生和朋友编辑、出版了我的第二本论集《华人·龙的传人·中国人——考古寻根记》。我写了一篇不足两千字的自序，题目是《六十年圆一梦》。我的梦就是考古学的科学化和大众化。这个愿望现在已实现了很多，《明报月刊》的来访及所介绍的读者的关心，也说明了这一点。科学化、大众化是这门学科的发展方向和必然归宿。我六十年的研究过程，可分为两段。前三十年主要精力花在两个方面：一是绕出两个怪圈，即根深蒂固的大一统观念和把社会发展史当做全部历史；二是找到新的起点，即从对一种古器物（瓦鬲）的研究到对一种古文化（仰韶文化）的研究。这个新起点，对以后中国考古学研究的新进展是具有相当意义的。

第二阶段可以从1975年开始提出区系类型学说为起点（“文化革命”的十年，也是我不停思考这个学说的十年）；1980年时我又说“在国际范围的考古学研究中，一个具有自己特色的中国学派开始出现了”，此时这个思想已经成熟。“文化革命”以后的二十多年，是中国考古学迅速发展的好时期，区系类型理论得到普遍应用、检验，日益完善，成为我国大多数考古学者的共识，发挥着基础理论的作用。我在这二十多年中又走出了新的两步：一是从宏观角度，围绕中国文明的起源问题，应用区系观点选择田野工作重点并做理论探索，最终是为阐明把亿万中国人凝聚到一起的基础结构；二是从微观角度，应用分子分析的方法，围绕中国文明起源问题，对中国文化传统中长期起积极作用的因素，找到它们如何从星星之火变成燎原烈火、从涓涓细流汇成滔滔江河的“破密”的钥匙。这是在前一阶段工作基础上合乎逻辑的发展。我和许多朋友已经走过了第一步，正在用心地走第二步，《明报月刊》读者关心的三大问题，我就是在这样一个过程中逐渐得到现有认识的。

如何绕出怪圈?

问：能否简要地讲一讲您是如何绕出“怪圈”的?

答：1934年我从北师大历史系毕业，进入北平研究院史学研究所工作，副院长李书华把我安排在考古组，从此开始了我的考古生涯。当年即随徐炳昶老师到了陕西宝鸡，目的是找先周、先秦的遗存。先发掘斗鸡台，后来又沿渭河做了调查。关中地区的考古工作到抗战开始后被迫停顿，我受命把这批发掘资料运到大后方。1939年初，在昆明的黑龙潭安顿下来。我一个初学者面对百十多座墓葬的“哑巴”材料，就像学读“天书”一样，如醉如痴地摩挲、端详，苦思这批从未有人认识的陶器、陶片及其他随葬品在文化上的意义。不知经过多少个日日夜夜，终于从几十件瓦鬲中找到破译“天书”的“密码”。瓦鬲是中国独有的，分布地区广，时间延续又长（约距今五千至两千多年前），可以说是中国文化的“标准化石”。我按照发生学原理把瓦鬲分为四种基本类型，描绘出各自的“谱系”，进行了分期，并推出变化过程。研究的结果使我明白，相当于商王朝时期，周人已在西部关中兴起，殷人的瓦鬲和先周时代的周人瓦鬲共存。从宝鸡地区的瓦鬲上又可看出，先周文化有两个来源，一是西北方向来的姬姓成分，一是关中土著的姜姓成分，到了周王朝时期，秦人已在关西兴起。当秦人东进到宝鸡地区时，带来了素面袋足鬲、屈肢葬、铁器等文化因素。这就使原已有的商周秦不同源、各有文化发展脉络的想法（王国维已有类似意见），得到了考古学实证。1940年我写了十万字的《陕西宝鸡斗鸡台所得瓦鬲的研究》，得到同在后方的李济、梁思永、吴金鼎、石璋如诸位先生的肯定和鼓励。稿子交由香港商务印书馆去出版，后因香港沦陷，书稿下落不明，直到1948年发掘报告才出版。瓦鬲研究的基本结论，是我绕出根深蒂固的大一统怪圈的重要尝试。至于另一个怪圈，则是50年代后期至60年代前期才绕出的。

新中国成立后，我有幸参与了文物考古事业的最初筹划。1950年成立了考古所。当时百废待兴，大规模的基本建设急需大量考古人才进行工作，仅仅一个考古所是不够的。裴文中、梁思永等人，还有我，策划了考古工作人员训练班。1952年至

1955年间，共办了四期。这期间，出于从考古学科的长远建设考虑，1952年又决定在北京大学设立考古专业，由我与向达先生共同组织、主持。我把相当多的精力投入这项工作，认真思索学科建设和教学、科研的方向问题。当时，“向苏联学习”的口号高唱入云。我们向苏联莫斯科大学索要了考古教学大纲，请来苏联专家讲学，按苏联模式办学。当时考古界忙于挖坑发掘、整理资料、发表报告。大学生们则思想活跃。1956年在“向科学进军”的号召下，特别是在1957年至1958年的政治风云涌动下，学生们慷慨激昂地提出，在考古教学、研究中要“贯穿红线”、“见物又见人”。我请了老朋友、考古界的老革命家、考古所尹达副所长来北大作了以“建立马克思主义考古学体系”为突出内容的报告。后来又施行教学革命，师生一起写书，参加中国历史博物馆新馆的陈列设计。当时以为一手拿着马克思主义的经典理论，一手拿着考古实物资料，两者一结合，就会成为马克思主义的中国考古学。大家努力了，但结果谁都不满意，于是产生了困惑。我经反复思考后感到，马克思主义的历史唯物论与考古学专业理论属于不同层次；发展中国考古学并没有现成模式，只有开辟自己的路。

机会来了，1958年至1959年，有两个年级的学生在陕西华县泉护村、元君庙仰韶文化遗址发掘实习。我在指导整理材料的过程中，从大量文化因素中提取了在八百里秦川各仰韶遗址中普遍存在的三类六种陶器，作为仰韶文化的“分子”；并由此重新界定仰韶文化的“类型”，认识到仰韶文化的半坡和庙底沟是各自发展而又相互依存的两个主要类型。这是认识仰韶文化基本特征、社会发展程度、分布和源流等方面的基础。当时得到的认识，集中反映在《考古学报》1965年第1期《关于仰韶文化的若干问题》一文中。

我通过解剖仰韶文化这只“麻雀”，顿悟到考古学研究必须对仰韶文化遗存作分子分析，并在不同遗存间进行文化分子的比较研究，确定哪些遗存属于同一文化共同体，每一文化共同体各自经历怎样的发展过程，又受何种动力驱使，如何一步一步地前进。仰韶文化的典型解剖启发我们，在九百六十万平方公里的中华大地上，不知存在过多少这样的文化区系。我就是这样绕出了把考古材料硬套社会发展规律教条的怪圈。绕出这两个怪圈，也就找到了新的起点：中国古代文化是多源的，必须按实际存在的不同系统寻其渊源、特征及各自的发展道路。这一认识为我以后的研究奠定了新基础，孕育了考古学文化区系类型的学说。

区系类型说的主要论点

问：请简要介绍一下区系类型理论的主要论点及其指导意义。

答：1975年我在考古所给吉林大学同学讲中国史前文化的总体分析，首次提出了考古学文化区系类型学说。此后数年中，应中央民族学院研究部、钢铁学院、北京大学以及北京史学会等单位之邀，作了反复阐述。这一理论的主要之点是，在中国古文化大系内部，可分为六个大的文化区：一、以燕山南北长城地带为重心的北方区；二、以山东为中心的东方区；三、以关中、晋南、豫西为中心的中原区；四、以环太湖为中心的东南区；五、以环洞庭湖与四川盆地为中心的西南区；六、以鄱阳湖—珠江三角洲为中轴的南方区。这六大区系又可以秦岭淮河为界分为南北各三区的两半，或为面向东南海洋和面向欧亚大陆的两半。六大区并非简单的地理划分，而是着眼于考古学文化渊源、特征与发展道路的差异。我最初把“区”称为“块块”。这三南、三北或三东南、三西北的六大“区”或六个“块块”，直到今天的现实生活中仍未完全消失，五六十年代时的行政大区划分，并非偶然，而是有其历史渊源的。我把“系”又称为“条条”，这是一个探索古文化源流的新概念、新范畴。我国古文化的起源与发展是错综复杂、连绵不断、丰富多彩的，追本溯源时要考虑文化的分解与组合，以及与之有关的社会发展程度对文化发展所起的作用，特别是其中阶段性的突变；还有不同文化间的相互作用。这就是“系”所包含的内容。所谓“类型”，则指各大区系内部的不同分支，或称为“小块块”。“类型”之间存在着发展的不平衡性，能明确显现其渊源又有充分的典型特征和完整发展道路的，往往只是一二小块（类型）。也就是说，每一大区系中各有范围不大的文化发展中心区域（常常是后来春秋、战国时期大国的中心区域）。当然古代文化区系并非一成不变，更不像今天行政区划那样界限分明，各大文化区系之间也还会有一些交汇带。由于区系类型的理论反映了历史的真实，因而并不深奥难懂。依我看，全国曾经存在过的几百个“地区”建制，相当多的部分就与考古学文化中类型的分布范围差不多。

正因区系类型研究的最终结果可建立中国古文化的基础结构，一经提出，即得到广泛响应，并视为考古学的基础理论之一。大家认识到，要研究中国史前社会，就必须有明确的“区”、“系”概念，如果像以往的历史书那样，把全国各地的考古材料凑到一起，用“红线”串起来，显然与有血有肉、丰富多彩的中国史前史相去甚远。这除去客观原因（如考古资料不如今日丰富）外，更重要的是因为把史前中国，特别是三代时期的中国，看成是铁板一块。

中原文化不是中国文化唯一来源

关于中国文明起源的问题，历来有一些学者认为，不论在原始农业、陶业和文化的其他方面，中原从来就是最先进的；或认为中国文明起源于中原一地，然后才光被四夷，其结论就是中原中心论。在中华民族形成问题上则导致了汉族中心论，把汉族以外的兄弟民族视为“非我族类”，有了诸如“五胡乱华”之类的观点。合理的态度就是应认真按区系类型理论，对中国文化起源、中国文明的起源与发展（以国家的形成和发展、中华民族的形成和发展为主体）的系统性、阶段性和多样性这样一些中国历史中头等重要的问题，作出更为接近史实的回答。

我还经常指出，这是一种辩证的方法论。我常举“庖丁解牛”的故事。庖丁讲，初学解牛，所见“皆牛也”，即都是全牛；经过一段解牛的实践，再看到牛，则“无全牛”；最后达到“游刃有余”的高超境界。以此类比，初级的能力只把古代中国视为“全牛”，而以区系类型理论当作解剖刀，就能认识“古代中国”这个“牛体”内部复杂的结构及其间的有机联系，达到“无全牛”的认识高度。有了这样眼光的考古学的“庖丁”们，便能逐渐进入“游刃有余”的境界。如果把认识一直停留在“皆牛也”的阶段，岂不只是一个放牛娃！

可以再举一个例子来说明。我曾提出“环渤海考古”是一个重要课题。古人所谓的“海”即是渤海，正如古人所谓的“河”，是专指黄河一样。“环渤海”既指注入渤海的辽河、滦河、大小凌河、海河和黄河下游等流域，又指辽东、山东、朝鲜三个半岛的广大海域周边及其腹地。还可以将其中的京、津、冀看作一摊，辽河东西是一摊，鲁北和胶东半岛又是一摊。从另一种意义上说，如把“环渤海”看成是一个“区”，也并非无理，就像现在所说的“环渤海协作区”一样。由其自然地理和人文、历史关系而言，既可统属广义的北方，又可归于我国面向太平洋的重心位置。渤海又是当之无愧的中国大门。中国古人认识这一点，比西欧人认识地中海更高明些。它是打开东北亚（包括我国大东北）的钥匙，又是连接整个东南沿海的龙头。“环渤海考古”指上述广大区域诸文化区系间相互关系的研究，要把山东、辽东、渤海西岸的古文化同东亚、东北亚的大文化区联系起来考察。如果对此还有争论，我看不必理会。区系类型理论不只可用于分析远古中国，也是认识秦汉以后的中国、甚至是整个古代世界的理论。

中华文明发展有自己的道路

问：您是否认为，中国古代文明史的核心问题是从氏族公社如何转变为国家及国家发展的道路、民族的形成以及文化传统问题？若是，能否先就前一问题谈一谈主要论点？

答：80年代中期，区系类型理论已经经受住了相当的实践考验，成为我国大多数考古学者的共识。在这一条件下如要把学科建设再推进一步，就应深入探讨各区系内部的文明进程，其核心就是国家的起源与发展。中国的历史，自公元前841年起，有文字记载的编年史就没有中断过。三千多年前的商代文明，特别是发达的青铜器，堪称为世界古代文明中最突出的成就之一。

然而，有人则以为中国文明始自商代，并认为是近东两河流域成熟了的文明的再现与发展。考古证明这些推断不符合事实。璀璨的中华文明有自己的个性、风格和特征，需要找到自己的渊源。

对于中国国家起源与发展的认识，我概括为：从氏族公社向国家转变的典型道路——古文化、古城、古国；

国家发展的三部曲——古国、方国、帝国；

国家形成的三模式——北方原生型、中原次生型、北方草原续生型。

所谓“古文化”、指原始文化；“古城”指城乡最初分化意义上的城和镇，而不是普通含义的城市；“古国”指高于部落的、稳定的、独立的政治实体。形成这些认识，得益于辽西考古在80年代前期的突破性收获。最重要的三项：

一是公元前三千多年红山文化的石砌祭坛、女神庙和积石冢遗址群（即习惯简称的“坛、庙、冢”）的发现；

二是公元前两千年左右夏家店下层文化的赤峰大甸子墓地、英金河沿岸链式城堡群的发现与深入分析；

三是作为秦帝国国门的绥中—秦皇岛大型宫殿基址群的发现与宏观认识。

在这些收获的基础上，1985年我作了《辽西古文化、古城、古国》的讲话，是想通过探索辽西地区文明的起源、发展过程和方式，来推动中国考古界对文明起源问题的思考。由于传播媒体的参与，出乎意料，一时间竟形成了“中国文明起源热”。但由此也明白，这实在是值得关心的大问题。

再说辽西的“古文化、古城、古国”。辽西古文化有兴隆洼—查海、赵宝沟文化等，或称之为前红山文化。

红山文化的极盛期大约在公元前三千年左右，也就是产生“坛、庙、冢”的时期。“坛、庙、冢”遗址群所在的建平、喀左、凌源三县交界的数十平方公里范围内，没有发现日常生活居址，这里显然是某个较大社会实体的宗教活动中心。既然有大型的“积石冢”，就必定有了阶级、阶层的分化，既然有祭坛和神庙，当然有神职人员；既然发现不少真玉制作的礼器、神器，肯定已经存在着专业玉匠；还发现了冶铜遗迹，而铜器的铸造从采矿、冶炼到浇铸，是复杂的工艺过程，必然存在一种有组织的协作劳动。可见，辽西地区的古文化到红山文化时期出现了新的劳动领域，更新了技术，促进了社会分工及其专业化。社会的分化除出现贵族、军事首领外，还表现为祭司或巫师的存在。

当社会分工与分化达到一定程度时，必然导致“城”的出现，“城”是一种表示经济、社会文化发展程度的概念，不一定有“垣”。西亚早在九千年前无陶新石器时代的聚落中，就出现了石砌的“垣”，而商代殷墟遗址至今也还未发现城垣。辽西那个拥有“坛、庙、冢”祭祀中心场所的社会实体，应该已是凌驾于氏族公社之上的、有高一级的社会组织形式与大面积宗教活动场所相应的生活聚落，想必也会表现出相当程度的分化，应具“古城”性质，甚至可能已是一个原始的国家——“古国”了。从红山文化中看到的这种基于社会分工、分化而形成的“古国”，我归类为“原生型文明”。这是中华大地上最早的原生文明，所以又称之为“中华文明的曙光”。

辽西的材料也表现出了“古国—方国—帝国”这一国家发展的三部曲。

在红山文化、后红山文化那种文明初期的古国群的基础上，公元前两千年初期，辽西地区发展起一支早期青铜文化——夏家店下层文化，辽西历史上又到了一个文化昌盛期。在一处“大甸子”墓地中，一些贵族大墓随葬了许多象征特殊身份的器物，如权杖的铜杖首、成组的精美玉器、仿中原铜器的陶器以及大量有复杂纹样的彩绘陶器。这种彩绘陶器，决非日常用具，而是礼仪重器，与其他区系的青铜礼器有类似性质。如做综合考虑，当时的社会结构肯定要比红山时期复杂。这一文化还有另一突出特征是，密集分布在河谷地带的聚落几乎都有防御设施，一大几小的城堡构成有机的群体；在英金河两岸又有呈链式排列的城堡带。战国秦汉的长城大致与其平行，后来的长城显然受到了它的启示，似乎已具“原始长城”的性质。这就意味着当时已建立起统辖多个古国、独霸一方的“方国”，进入了国家发展的第二阶段。

夏家店下层文化之后是“夏家店上层文化”等多种文化的交错共存。由夏家店上层文化到西周分封以前，直到西周时期的燕文化，其国家形态都还处于方国阶段，只是发展程度有低有高罢了。燕文化及其共存的其他文化，在周朝的八百年中，为进入下一个更高的国家发展阶段准备好了条件。

下一个阶段就是秦汉帝国。辽西地区原有方国（群）已成为帝国的组成部分。秦汉在辽西打上了帝国的烙印。史书记载，秦统一后，营建了阿房宫、骊山大墓，同时也提到碣石。我们在渤海湾西岸，绥中的止锚湾和秦皇岛的金山嘴一带，发现了自秦始皇到汉武帝时营建的两处大型宫殿建筑群。两处遗址群连成的东北—西南的直线，恰恰和渤海湾中由辽东旅顺至山东北隍城岛一线相对应，而又面对着矗立于海水中的“碣石”。遗址群分列左右的形势，宛如宫城的双阙，从这里远眺可把辽东半岛、胶东半岛及其所环抱的海域连为一体。史书记载，秦始皇最后两次东巡到海边，确曾有过择地作“东门”（国门）的设想。秦皇岛—绥中的两组一体的建筑群确似“国门”，颇具秦汉统一大帝国的气势。

这样，解释辽西这三大文化占迹及其内在的逻辑联系，就从一个实例体现了中国国家起源（古文化、古城、古国）的原生型与国家发展的典型道路（古国、方国、帝国）。

对于中国六大文化区系来说，国家的起源与发展，都走过了这样的道路，虽各有特色，却是殊途同归。

中原文明是次生型文明

黄河中游的早期文明是“次生型文明”。公元前四千年前后是特别值得看重的里程碑阶段，氏族制度发展到了极盛期，成为往国家方向发展的转折点。但这里古国的出现比北方的红山文化晚一些，大约在距今四千五百年左右。典型遗址是山西襄汾陶寺。陶寺有一处墓地，性质已超出了原始氏族—部落阶段。大型墓葬的墓制与随葬品，绝不只是一般意义上的“丰富”，朱绘龙纹陶盘及成组彩绘陶器、成组漆木器，特别是巨型土鼓、鼓和特大石磬等成组乐器，颇带“王气”，绝不是普通百姓的日用品，应是象征王权的礼器。

我把中原文明说成是“次生型”，有两个基本理由。一是因为陶寺遗存有华山、泰山、北方三个主根，还有来自太湖及其他区系的文化因素，更难排除北方红山文化早期文明的影响。另一是洪水期与治水事业。治水事业大大促进了原始部落间的接触与联合，强化了管理公共事业的国家职能，在这里国家的出现既有社会分工、分化而来的内部动力，又有北方原生文明的影响以及治理洪水带来的文化交融。因而就比最早出现的北方的“原生型文明”起点高、基础广。四面八方的文化成果汇集中原，形成了最初的“中国”，又经数百年发展，继续吸纳各地文化精华，终于产生了中国历史上第一个载入史册的夏王朝。《左传》“哀公七年”谓“禹合诸侯于涂山，执玉帛者万国”，夏王朝只不过是“万国”中的一个“方国”，类似春秋的“盟主”。后经商、周时期，到秦始皇才完成了统一帝国的大业。需要指出的是，夏、商、周、秦并不是一脉相承的王朝更替，而是不同族源的方国间的替代。夏、商、周、秦各有起源与开国史。其中秦的建国史最完整，经历了襄公（古国）、缪公（方国）、始皇帝（帝国）三部曲。

在我国全部古史中，“古国—方国—帝国”的公式多次重复，立体交叉。秦汉帝国解体之后的一二千年间，一直是北方草原民族大迁徙的时代。所谓的“五胡”，各有各的开国史；辽、金、元亦无不如此，直到清帝国。女真—满族就曾经是一个比较落后、长期处于“四夷”地位的民族。由努尔哈赤上溯六世，为“肇基王业之祖”，在女真社会内部分散的部落政权（相当于“古国”）间进行了无数次兼并、重组，直到1616年才在沈阳东北的新宾设立帝王之位，建立后金国，成为一方大国（方国）。自努尔哈赤到皇太极又进行了大量兼并征战，1636年改后金为大清，建立了满、蒙、汉三个八旗，为入主中原作了充分的政治、军事、文化和人才的准备，终在1644年完成清帝国的统一伟业。在这里，我想提一提满清创业中一位了不起的女性——庄妃。她不仅以民族利益为重，成为统治阶级内部凝聚的核心，而且能吸收、继承中国历史上传统的治国之道，集结、吸引各族优秀人才（如她对洪承畴的说服），为推翻明政权的准备立下了大功。可以说，一部清帝国的建国史，仍然是“古国—方国—帝国”这一公式的重复。

上述北方民族的文明起源与发展，显然不完全是由本族自然成长的文明因素的积累，相当程度上是因受到汉族文明的影响，依靠历史的借鉴和特定的历史环境才以较快速度走了国家发展的捷径，因此，我把这种发展模式的文明称为“续生型文明”。

文明要素与文明因素

问：有一些西方学者曾把“城市”、“文字”、“青铜器”视为“文明三要素”。国内也有人使用过这种提法。但有的学者不同意三要素之说，而提出了另外的几要素。您能否就这一问题谈一谈。

答：刚才我讲了，古城、古国是社会变革的产物，是数种文明因素交错存在、互相作用的综合体。各区系自有各区系特有的文明因素，以及这些因素出现的不同条件（契机）。因此，很难说进入文明时代在物质文化方面有什么统一的标准，或者说是有相同的物化形式。城市、文字、青铜器这三者固然是文明因素，但不必把他们说成是“三要素”。“要素”者，缺一不可。世界各地和中国的考古发现一再说明，有一些文明是“三缺一”，甚至缺得更多，但却有其他现象说明当时社会已经完成了由氏族公社到国家的转变。因此，我常说，不要从概念出发，还是要“具体情况具体分析”。有什么文明因素就是什么文明因素，然后分析其综合发展程度能否说明当时已进入文明阶段，看看各区系的文明因素经过“辐辏”、“辐射”的交流，有哪些逐渐变成中国古代文明的共同因素。这是一个由浅入深、由个别到一般的研究过程。正如不必急于把“坛、庙、冢”说成是“中国文明因素”一样，也不必急于把“稻谷、蚕丝、玉器”说成是“中国文明因素”，更不必在中国史前史上另划出一个“玉器时代”。当然，也不要贬低甚至否定“坛、庙、冢”或“稻、丝、玉”在中国文明发展史上的地位。它们最终都成了具有中国特色的古代文化、文明的重要因素。

黄河是不是中华民族的摇篮？

问：关于中华民族形成的途径，也是读者关心的重大问题，能否展开谈一谈?

答：我多次讲过，中华民族是大熔炉的产物，而各文化区系也都是熔炉。这和以往所说的“黄河是中华民族的摇篮”有着明显差异。过去把黄河中游称作“中华民族的摇篮”并不确切，如果把它看成是在中华民族形成过程中起到重要凝聚作用的一个熔炉，可能更符合历史真实。因此，对研究民族的组合与重组、中华民族的形成过程来说，区系类型的研究仍是重要基础。中国古代文明多源一统的格局铸就了中华民族经久不衰、历时不散的生命力。

在中华民族的形成过程中，“古国”阶段是各先远支系形成期，也是多源一体格局的奠基期，距今四五千年间最为明显。

“方国”阶段是夷夏关系互为消长和夷夏共同体重组、新生的阶段，大约在战国时期，多源一体格局初步形成。

“帝国”阶段把初步形成的多源一体格局从政治上固定下来，并不断得到强化。

当万年之前农业发生后，由于自然地理环境的不同，形成了三大经济文化区：华南水田稻作农业经济文化区，华北和东北南部旱地粟作农业经济文化区，东北北部、内蒙古高原、新疆、青藏高原狩猎采集经济文化区，这是文化区系的第一次组合。

约在公元前六千五百至五千年间，在三大经济区的基础上逐渐形成了若干区域性的考古学文化。如黄河流域的老官台—大地湾文化，磁山—裴李岗文化，后李—北辛文化，内蒙古东南、辽西的查海—兴隆洼等文化以及长江中游的彭头山—城背溪文化等等。公元前第四千年间，由于农业的继续发展和人口的增殖，在一些地区形成了殖民垦荒浪潮，出现考古学文化的大传播和不同文化间的接触、影响、融合。如庙底沟类型的大举西迁到甘青之间，向北涌入河套地带；大汶口文化通过胶东半岛渡海移民到辽东半岛，等等。这是文化区系的第二次组合，约在公元前三千年之际，各区系稍有先后进入所谓“早期龙山”、“龙山”阶段。各地分别以快轮制陶、养蚕缫丝、专业治玉、漆器工艺、烧制石灰、夯筑技术、冶金技术等等促进了社会的发展，而这些新技术一旦出现，就会有一个推广过程，即匠人流动、文化传播的过程。同时也就促进了经常性的交换、贸易；刺激了掠夺、战争的经常化和武器的改进；出现并不断强化防御工事；引起了社会的大动荡、大改组，进入“古国”时代。这是文化区系的又一次大重组，表现为考古学文化分布图的大改观，也是中华民族中汉民族形成之前最重要的一次重组，由此奠定了多源并趋向一体的基本格局。

进入“方国”时代，亦即夏、商、周三代已有文字记载，出现了“四夷”与“华夏”的区分。如果说，夏、商两代还是“诸夷猾夏”、“诸夷率服”那种夷夏较量而互为消长的话，周王朝时期则是“以夏变夷”为主流，在周初的大封建中，将“殷民六族”分封给鲁公时，要求“使帅其宗氏，辑其分族，将其类丑，以法则周公”；将“殷民七族”分封给康叔时，要求“皆启以商政，疆以周索”；将“怀姓九宗”分封给唐叔时，要求“启以夏政、疆以戎索”。这都是按当地传统办事，有一点类似今天的“特区特办”。这正是孔子赞叹“郁郁乎文哉！吾从周”的一个原因。西周之后又历经东周五百年的夷夏融合，夷夏共同体——汉民族终于形成。秦汉帝国能使多源一体的中华民族得以形成、巩固，可说是水到渠成。

长城是各民族文化的熔炉

在中国古代史上，南北朝时期又是一个极其重要的民族大迁徙、大融合时期。陕北、晋北、冀北及内蒙古南部这个大体东西向的燕山南北长城地带，从史前到三国时代是北方畜牧文化与黄河流域农耕文化接壤、过渡地带。长城内外的两种经济类型、两种文化传统的民族（群）长期接触、共存，既经常冲突、又需要互补而互为依存。它是一条很宽的“带”，直到近世仍是“那达慕”盛会分布的地带。“那达慕”的主要功能之一就是组织农工产品与牧业产品的交流。长城是农区与牧区的分界，长城地带也是一个活跃的民族熔炉。在历史大动荡时期，这一地带经常起到缓冲的作用。建立北朝的北方民族正是通过这一地带的若干“口岸”南下的。北方民族入主中原，即所谓的“五胡乱华”，与欧洲的所谓“蛮族入侵”不完全一样。“五胡”是牧人。他们虽也带来战乱，但还有北方民族充满活力的气质与气魄。北朝的文化十分昌盛，其遗物、遗迹显现了草原文化与中原文化结合的光彩。北朝文化在都城建筑以及农业、科学技术、艺术等方面都留下了可称为瑰宝的遗产。大唐盛世的诸多业绩源于北朝，北朝经济的发展也并不比南朝逊色。总之，北方草原民族不仅为中华民族注入了生命活力，还带来了欧亚大陆草原民族文化，在中西文化交流上起到了重要作用。

北方民族南下的另一后果，则是造就了大批中原人南迁形成的“客家人”式的新群体，至于客家人在发展我国南方和东南亚的经济、文化等方面的作用，当然无需多说。所以，只有用新观点、新方法，才能从浩瀚的文献和考古史料中发现既有中国特色、又符合一般规律性的民族形成的历史脉络，重建一部内容丰富而又符合历史真实的中华民族史。

多源一统、历久不衰的文化

问：先生能否更深一层地谈一谈中国历史地形成这样一个多源一统的国家、中国文化又历年不绝的主要原因？

答：多源一统的基础结构是多种因素综合的产物。有地理的因素，如多样的天时，广阔复杂的地利，造就了原始经济的多样性、文化的多源性。但中国的黄河与长江流域，没有难以逾越的地理阻隔，有利于族群与文化的流动、接触和多次重组，我在前面已谈到，从距今万年到距今四千多年前的三次大的文化组合与重组，就是在这样一个舞台上演出的。如果说，最早的三大经济类型区中所见各自的共性，还主要是因经济类型的一致而引起的，那么距今七八千年前的黄河流域，自西至东，从陇山到渤海，老官台—大地湾文化、磁山—裴李岗文化、后李—北辛文化虽然各有起源，各有特征，但在经济类型、日用陶器的制法、某些器别（如支座、磨盘、磨棒）甚至器形等多方面所表现出的一定共性，至少暗示着曾经存在过的联系。再如，在距今五六千年前，仰韶文化的庙底沟类型有着强大的扩散能力，其影响从关中向北达到黄河河套，向西直达甘青之交，向南至于长江沿岸，向东抵今山东省腹地。特别是到了距今四五千年的所谓“龙山时代”，几乎整个黄河、长江流域各区系考古学文化的面貌，呈现了相当的一致性，以灰、黑陶的三足器、圈足器、袋足器为共同特征。上述诸例，意味着文化的交流、族群的组合与重组，是在六大区系之间交互进行的，发展的方式也各不相同，或裂变、或撞击、或融合。特别是到“龙山时期”八方文化精华辐辏中原之后，出现了以传说中尧、舜为代表的“中国”。此后，这个“中国”就再也没有真正地分解过。当然从尧、舜的“中国”到秦皇、汉武的“中国”，又经历了多次重组。意识形态上与之相应的则经历了由共识的中国到理想的中国而达现实的中国。

这里所谓共识的中国，指在“万邦林立”的条件下，中原的古国由于治水、居中的地利以及个人等因素，万邦诸侯“朝覲、诉讼之中国”的“中国”，这个“中国”，只是一种共识。理想的中国，就是《诗经·大雅·北山》中“溥天之下，莫非王土；率土之滨，莫非王臣”那种“中国”，大一统“中国”的愿望虽已明确，也只是周王朝的理想。真正成为现实的，则是秦汉帝国。所以中国多源一统的格局的形成，既有天时地利的环境条件，更有源远流长的族群、文化融合的历史趋势以及思想上的共识等原因。

中华文明的精华是什么？

问：您提到中国的文化传统问题，不论是历史学者、其他学者还是一般读者，都非常感兴趣，非常关心。

答：回顾历史，中国文化与中国文明起源问题被提出和受到重视的背景是中国近代历史上的两个转折点。“五四”运动前后，国家、民族面临危亡，社会上出现了对中国文化的反思：中国文化落后了，需要向西方学习什么？答案之一就是“德先生”和“赛先生”。到七、八十年代之交，即中国共产党十一届三中全会之际，对中国历史的反思又一次被提了出来：要开放，要建设现代化，建设什么样的现代化？日本式的、新加坡式的、欧美式的？当然不行。我们要建设的是与五千年文明古国相称的具有中国特色的现代化。这就自然而然地提出五千年文明的精华是什么，民族灵魂是什么，精神支柱是什么的问题。中国文明起源、中国文明特色、中国文化传统等问题，正是社会转折时所引起的历史反思的组成部分。这两次历史反思的社会思潮也就是引发我梦想的最初萌发和更为完整的契机，也是中国考古学20年代产生和80年代走向成熟的时代背景。

各国历史有各国特点，各民族有各民族特点。特点就是差异，既有体质上的差异，也有民族气质、思维方式、价值观念、生活习惯等方面的差异。有些文化传统可能随社会的变化而消失，或被新的传统取代，唯构成民族特性的传统精神往往世代相传。在中国历史上长期起积极作用的传统，我多次提到过的有：

精于工艺，善于创造。这一特点可以上溯到中国猿人那里。他（她）们采集劣质的石材（例如脉石英），却打造出小型石器。这一传统在其后数十万年中一直传承。如良渚玉器的细雕工艺、丝绸、漆器、瓷器、“四大发明”以及流传至今的数百种民间手工艺，总体的精巧水平在世界上似无与伦比。中国农业亦以精耕细作闻名于世，直到今天还以占世界百分之七的耕地养活了占世界百分之二十二的人口。这一传统与勤劳、朴实、自强不息的美德融为一体，几乎可称为是创造中华文明的基因之一。

极富兼容性和凝聚力。中华民族的形成主要不是由于外力、武力，而是通过一次又一次的交融、组合与重组，并在思想上形成了越来越强的认同趋势。当“中国”产生之后，君权（王权）的大一统政策促进了民族的融合；汉民族之外的少数民族入主中原，给中原民族注入新鲜血液，促进了中华各民族的进一步融合，由此产生了更强的凝聚力。自秦汉建立了统一的多民族国家以来，从总体来说，分裂是短暂的，统一是主流。在维系中华民族的纽带中，方块字发挥了巨大的凝聚作用。方块字以形、意为主，能克服各地方言障碍，在不同方言区域内，比较容易进行经济、文化交流和推行统一的政治，大大加强了中华民族的兼容性和凝聚力。

玉代表了一种崇尚高洁、坚贞、温良的美德，体现着中国传统的道德标准、价值观念。人类从会制造石器起，就有机会与玉石打交道，后来又把令人赏心悦目的“美石”选出来制作装饰品和贵重用具。真正把玉与一般石材区分开而用来制作珍贵饰物的是万年以内的事。例如距今七八千年前的辽宁阜新查海遗址出土了十多件真玉器物，除一件玉锛外，均为装饰品。玉的一个特点是“温”，冬天摸玉，有温润感。玉又有特点为“坚”，除金刚石以外，几乎无物能克。中华民族把玉所具“温润”、“高洁”、“坚硬（贞）”等特点，转化到人文观念中，纳入社会生活。玉器体现的美德是中国民族特有的文化现象，又是自史前时期以来一直承袭着的传统。

近期我曾反复思考，中国传统文化的核心——对“天、地、君、亲、师”的崇拜与敬重，是中国人传统信仰的最高、最集中的体现。

中国除了有些政教合一的少数民族以外，从来没有高于王权的宗教，也就是没有国教。一些外国人不能理解，于是想出来一个中国人自己并不认可的宗教——“儒教”，没有教主，没有教规，没有教义，也没有宗教意义上的经典。但在中国传统文化中确有最高崇拜的对象，这就是“天、地、君、亲、师”。

我国古人对“天”、“地”，赋予了超自然的属性。这里的“天”，是一种抽象的权威象征，一种不可抗拒的超自然正义力量。大家熟悉的明、清两代的天坛，就是皇帝通天对话的神圣之地，可是在祈年殿里并没有设置一般宗教庙宇里的那种偶像。这是由于任何偶像都不足以代表天的伟大。从祈年殿到圜丘之间的天街东侧，有所谓的“七星石”，实际上，那应是泰山的象征。对于“地”的崇拜，反映了追求人与自然的协调。至于对“君”的崇拜，则反映着对于社会秩序化即国泰民安的追求。对于“亲”的崇拜，我看至少包括“祖先崇拜”以来至现实生活中的“父慈子孝”、“兄友弟恭”等内容，是维系、协调人际关系的重要纽带。对“师”的崇拜，则是要求对文化、知识的尊重与继承。

如果今人能够对这一思想体系赋予这时代的新含义，就能够更好地去对待自然，重视和协调人与自然和人际的关系。敬老爱幼，尊师重教，继承发扬这样的文化传统，就能对现代化建设作出更好的贡献，具有中国特色的科学化、大众化的当代中国考古学，也就能站到现实社会中应占的位置上。

世界必将走向“大同”

问：谢谢！最后还请您作为中国考古学会的理事长，在世纪之交，向《明报月刊》的读者展望一下中国考古学的远景。

答：人生短暂，我已是八十八岁的老人。我不讳言老，我很欣赏英国哲学家罗素讲的哲理。他说一个人的生命历程应该像一条河——开始涓涓细流，在狭窄的堤岸间行进，冲过岩石，跳过瀑布；其后水量变大，堤岸后退，流速湍急；最后，没有明显的停顿，汇入大海。我意识到和年轻的考古同仁在一起，似乎融入其中，与事业合为一体，生命将在事业的发展中得到延伸。1994年我的第一本考古论文选集获得首届国家图书一等奖，朋友们前来祝贺。我平静地回答大家：“同喜！同喜！事情是大家干的，这是学科的荣耀。考古学是人民的事业。”

承香港商务印书馆美意，不久将出版一本我的大众化的著作，把我一生所知、所得，简洁地说出来。这不仅是给考古同行做个交代，也希望使史学、民族学界以及其他对中国古史有兴趣的海内外朋友们，理解最近二十多年来许多中国考古学者奋斗的目标和成果。我的愿望是希望大家清醒地看到，我们已取得的成绩是很有限的，仅如一部大书的序言，未知数是大大的。跨世纪、21世纪的考古学新局面是不会自然而然地出现的，事在人为，老一代人当然应该继续发挥作用，但终究有赖于年青一代的拼搏、开拓。不仅学科整体如此，就是一个重要课题也往往需要一代接一代地像接力赛那样传递下去。

今天当我们站在新的起跑线上迎接21世纪时，需要同时完成双接轨的任务。一个是“古与今”的接轨，也就是如何循古代中国的发展脉络来看未来的中国，如何使中国文化传统中的积极因素变成为建设有中国特色的现代化的一种动力。另一个就是中国考古学与世界考古学的接轨，要求在认识上把“区系的中国”上升为“世界区系中的中国”。中国东部、东北部、东南部的史前文化与东亚、东北亚、东南亚乃至环太平洋文化圈有着广泛的联系。例如作为饕餮纹祖型的那种眼睛部位突出、夸张的神人兽面纹艺术风格、有段石锛等就与环太平洋文化圈中的同类因素可能有源流关系。进入成文历史时期之后，“四夷”的概念在不断变化，秦汉以后的“四夷”主要指汉民族以外的边疆四隅的兄弟民族。这“四夷”正是中国同外部文化的连接点与桥梁，很难把中国与世界文化截然分割开，这是其一。还有，在中国，从旧石器时代起，从来就不是封闭的、孤立的。这已为许多考古发现证实。中国历史上诚然有过“中华帝国无求于人”的闭关锁国时代，但“闭关锁国”只不过是封建统治者的主观愿望。事实上的中外交流几乎一天也没有停止过。陆上丝绸之路、海上丝绸之路、陶瓷之路、香料之路如此，不见经传的条条通路更是如此。史不绝书的沟通中外的功臣的业绩，只是中外交流银河中的一些明亮之星。这是其二。或许是最重要的一点，则是世界上没有其他文明古国能像中国那样，既有如此广阔的文化区域，又有如此长久的文化传统。研究这样一种文化实体，无疑将不断概括出新的理论认识，对世界文明史取得越来越多的发言权。中国的历史、世界的历史都告诉我们，人类必将对“地球村”的过去和未来取得共识，现实世界必将走向“大同”！

访问整理：邵望平（中国科学院考古研究所教授）

修订：俞伟超（中国历史博物馆原馆长）

（原载香港《明报月刊》1997年第7期）

国家新闻出版广电总局
首届向全国推荐中华优秀传统文化普及图书

大家小书书目

国学救亡讲演录	章太炎 著 蒙 木 编
门外文谈	鲁 迅 著
经典常谈	朱自清 著
语言与文化	罗常培 著
习坎庸言校正	罗 庸 著 杜志勇 校注
鸭池十讲（增订本）	罗 庸 著 杜志勇 编订
古代汉语常识	王 力 著
国学概论新编	谭正璧 编著
文言尺牍入门	谭正璧 著
日用交谊尺牍	谭正璧 著
敦煌学概论	姜亮夫 著
训诂简论	陆宗达 著
金石丛话	施蛰存 著
常识	周有光 著 叶 芳 编
文言津逮	张中行 著
经学常谈	屈守元 著
国学讲演录	程应镠 著
英语学习	李赋宁 著
中国字典史略	刘叶秋 著
语文修养	刘叶秋 著
笔祸史谈丛	黄 裳 著
古典目录学浅说	来新夏 著
闲谈写对联	白化文 著
汉字知识	郭锡良 著
怎样使用标点符号（增订本）	苏培成 著
汉字构型学讲座	王 宁 著

诗境浅说	俞陛云　著
唐五代词境浅说	俞陛云　著
北宋词境浅说	俞陛云　著
南宋词境浅说	俞陛云　著
人间词话新注	王国维　著　滕咸惠　校注
苏辛词说	顾　随　著　陈　均　校
诗论	朱光潜　著
唐五代两宋词史稿	郑振铎　著
唐诗杂论	闻一多　著
诗词格律概要	王　力　著
唐宋词欣赏	夏承焘　著
槐屋古诗说	俞平伯　著
词学十讲	龙榆生　著
词曲概论	龙榆生　著
唐宋词格律	龙榆生　著
楚辞讲录	姜亮夫　著
读词偶记	詹安泰　著
中国古典诗歌讲稿	浦江清　著 浦汉明　彭书麟　整理
唐人绝句启蒙	李霁野　著
唐宋词启蒙	李霁野　著
唐诗研究	胡云翼　著
风诗心赏	萧涤非　著　萧光乾　萧海川　编
人民诗人杜甫	萧涤非　著　萧光乾　萧海川　编
唐宋词概说	吴世昌　著
宋词赏析	沈祖棻　著
唐人七绝诗浅释	沈祖棻　著
道教徒的诗人李白及其痛苦	李长之　著
英美现代诗谈	王佐良　著　董伯韬　编
闲坐说诗经	金性尧　著
陶渊明批评	萧望卿　著

古典诗文述略	吴小如　著
诗的魅力 ——郑敏谈外国诗歌	郑　敏　著
新诗与传统	郑　敏　著
一诗一世界	邵燕祥　著
舒芜说诗	舒　芜　著
名篇词例选说	叶嘉莹　著
汉魏六朝诗简说	王运熙　著　董伯韬　编
唐诗纵横谈	周勋初　著
楚辞讲座	汤炳正　著 汤序波　汤文瑞　整理
好诗不厌百回读	袁行霈　著
山水有清音 ——古代山水田园诗鉴要	葛晓音　著
红楼梦考证	胡　适　著
《水浒传》考证	胡　适　著
《水浒传》与中国社会	萨孟武　著
《西游记》与中国古代政治	萨孟武　著
《红楼梦》与中国旧家庭	萨孟武　著
《金瓶梅》人物	孟　超　著　张光宇　绘
水泊梁山英雄谱	孟　超　著　张光宇　绘
水浒五论	聂绀弩　著
《三国演义》试论	董每戡　著
《红楼梦》的艺术生命	吴组缃　著　刘勇强　编
《红楼梦》探源	吴世昌　著
《西游记》漫话	林　庚　著
史诗《红楼梦》	何其芳　著 王叔晖　图　蒙　木　编
细说红楼	周绍良　著
红楼小讲	周汝昌　著　周伦玲　整理

曹雪芹的故事	周汝昌　著　周伦玲　整理
古典小说漫稿	吴小如　著
三生石上旧精魂 ——中国古代小说与宗教	白化文　著
《金瓶梅》十二讲	宁宗一　著
中国古典小说十五讲	宁宗一　著
古体小说论要	程毅中　著
近体小说论要	程毅中　著
《聊斋志异》面面观	马振方　著
《儒林外史》简说	何满子　著

我的杂学	周作人　著　张丽华　编
写作常谈	叶圣陶　著
中国骈文概论	瞿兑之　著
谈修养	朱光潜　著
给青年的十二封信	朱光潜　著
论雅俗共赏	朱自清　著
文学概论讲义	老　舍　著
中国文学史导论	罗　庸　著　杜志勇　辑校
给少男少女	李霁野　著
古典文学略述	王季思　著　王兆凯　编
古典戏曲略说	王季思　著　王兆凯　编
鲁迅批判	李长之　著
唐代进士行卷与文学	程千帆　著
说八股	启　功　张中行　金克木　著
译余偶拾	杨宪益　著
文学漫识	杨宪益　著
三国谈心录	金性尧　著
夜阑话韩柳	金性尧　著
漫谈西方文学	李赋宁　著
历代笔记概述	刘叶秋　著

周作人概观	舒　芜　著
古代文学入门	王运熙　著　董伯韬　编
有琴一张	资中筠　著
中国文化与世界文化	乐黛云　著
新文学小讲	严家炎　著
回归，还是出发	高尔泰　著
文学的阅读	洪子诚　著
中国文学1949—1989	洪子诚　著
鲁迅作品细读	钱理群　著
中国戏曲	么书仪　著
元曲十题	么书仪　著
唐宋八大家——古代散文的典范	葛晓音　选译
辛亥革命亲历记	吴玉章　著
中国历史讲话	熊十力　著
中国史学入门	顾颉刚　著　何启君　整理
秦汉的方士与儒生	顾颉刚　著
三国史话	吕思勉　著
史学要论	李大钊　著
中国近代史	蒋廷黻　著
民族与古代中国史	傅斯年　著
五谷史话	万国鼎　著　徐定懿　编
民族文话	郑振铎　著
史料与史学	翦伯赞　著
秦汉史九讲	翦伯赞　著
唐代社会概略	黄现璠　著
清史简述	郑天挺　著
两汉社会生活概述	谢国桢　著
中国文化与中国的兵	雷海宗　著
元史讲座	韩儒林　著

魏晋南北朝史稿	贺昌群　著
汉唐精神	贺昌群　著
海上丝路与文化交流	常任侠　著
中国史纲	张荫麟　著
两宋史纲	张荫麟　著
北宋政治改革家王安石	邓广铭　著
从紫禁城到故宫 ——营建、艺术、史事	单士元　著
春秋史	童书业　著
明史简述	吴　晗　著
朱元璋传	吴　晗　著
明朝开国史	吴　晗　著
旧史新谈	吴　晗　著　习　之　编
史学遗产六讲	白寿彝　著
先秦思想讲话	杨向奎　著
司马迁之人格与风格	李长之　著
历史人物	郭沫若　著
屈原研究（增订本）	郭沫若　著
考古寻根记	苏秉琦　著
舆地勾稽六十年	谭其骧　著
魏晋南北朝隋唐史	唐长孺　著
秦汉史略	何兹全　著
魏晋南北朝史略	何兹全　著
司马迁	季镇淮　著
唐王朝的崛起与兴盛	汪　篯　著
南北朝史话	程应镠　著
二千年间	胡　绳　著
论三国人物	方诗铭　著
辽代史话	陈　述　著
考古发现与中西文化交流	宿　白　著
清史三百年	戴　逸　著

清史寻踪	戴　逸　著
走出中国近代史	章开沅　著
中国古代政治文明讲略	张传玺　著
艺术、神话与祭祀	张光直　著 刘　静　乌鲁木加甫　译
中国古代衣食住行	许嘉璐　著
辽夏金元小史	邱树森　著
中国古代史学十讲	瞿林东　著
历代官制概述	瞿宣颖　著
宾虹论画	黄宾虹　著
中国绘画史	陈师曾　著
和青年朋友谈书法	沈尹默　著
中国画法研究	吕凤子　著
桥梁史话	茅以升　著
中国戏剧史讲座	周贻白　著
中国戏剧简史	董每戡　著
西洋戏剧简史	董每戡　著
俞平伯说昆曲	俞平伯　著　陈　均　编
新建筑与流派	童　寯　著
论园	童　寯　著
拙匠随笔	梁思成　著　林　洙　编
中国建筑艺术	梁思成　著　林　洙　编
沈从文讲文物	沈从文　著　王　风　编
中国画的艺术	徐悲鸿　著　马小起　编
中国绘画史纲	傅抱石　著
龙坡谈艺	台静农　著
中国舞蹈史话	常任侠　著
中国美术史谈	常任侠　著
说书与戏曲	金受申　著
世界美术名作二十讲	傅　雷　著

中国画论体系及其批评	李长之 著
金石书画漫谈	启 功 著 赵仁珪 编
吞山怀谷 ——中国山水园林艺术	汪菊渊 著
故宫探微	朱家溍 著
中国古代音乐与舞蹈	阴法鲁 著 刘玉才 编
梓翁说园	陈从周 著
旧戏新谈	黄 裳 著
民间年画十讲	王树村 著 姜彦文 编
民间美术与民俗	王树村 著 姜彦文 编
长城史话	罗哲文 著
天工人巧 ——中国古园林六讲	罗哲文 著
现代建筑奠基人	罗小未 著
世界桥梁趣谈	唐寰澄 著
如何欣赏一座桥	唐寰澄 著
桥梁的故事	唐寰澄 著
园林的意境	周维权 著
万方安和 ——皇家园林的故事	周维权 著
乡土漫谈	陈志华 著
现代建筑的故事	吴焕加 著
中国古代建筑概说	傅熹年 著
简易哲学纲要	蔡元培 著
大学教育	蔡元培 著 北大元培学院 编
老子、孔子、墨子及其学派	梁启超 著
春秋战国思想史话	嵇文甫 著
晚明思想史论	嵇文甫 著
新人生论	冯友兰 著

中国哲学与未来世界哲学　冯友兰　著
谈美　朱光潜　著
谈美书简　朱光潜　著
中国古代心理学思想　潘　菽　著
新人生观　罗家伦　著
佛教基本知识　周叔迦　著
儒学述要　罗　庸　著　杜志勇　辑校
老子其人其书及其学派　詹剑峰　著
周易简要　李镜池　著　李铭建　编
希腊漫话　罗念生　著
佛教常识答问　赵朴初　著
维也纳学派哲学　洪　谦　著
大一统与儒家思想　杨向奎　著
孔子的故事　李长之　著
西洋哲学史　李长之　著
哲学讲话　艾思奇　著
中国文化六讲　何兹全　著
墨子与墨家　任继愈　著
中华慧命续千年　萧萐父　著
儒学十讲　汤一介　著
汉化佛教与佛寺　白化文　著
传统文化六讲　金开诚　著　金舒年　徐令缘　编
美是自由的象征　高尔泰　著
艺术的觉醒　高尔泰　著
中华文化片论　冯天瑜　著
儒者的智慧　郭齐勇　著

中国政治思想史　吕思勉　著
市政制度　张慰慈　著
政治学大纲　张慰慈　著
民俗与迷信　江绍原　著　陈泳超　整理

政治的学问	钱端升　著　钱元强　编
从古典经济学派到马克思	陈岱孙　著
乡土中国	费孝通　著
社会调查自白	费孝通　著
怎样做好律师	张思之　著　孙国栋　编
中西之交	陈乐民　著
律师与法治	江　平　著　孙国栋　编
中华法文化史镜鉴	张晋藩　著
新闻艺术（增订本）	徐铸成　著
经济学常识	吴敬琏　著　马国川　编
中国化学史稿	张子高　编著
中国机械工程发明史	刘仙洲　著
天道与人文	竺可桢　著　施爱东　编
中国医学史略	范行准　著
优选法与统筹法平话	华罗庚　著
数学知识竞赛五讲	华罗庚　著
中国历史上的科学发明（插图本）	钱伟长　著

出版说明

“大家小书”多是一代大家的经典著作，在还属于手抄的著述年代里，每个字都是经过作者精琢细磨之后所拣选的。为尊重作者写作习惯和遣词风格、尊重语言文字自身发展流变的规律，为读者提供一个可靠的版本，“大家小书”对于已经经典化的作品不进行现代汉语的规范化处理。

提请读者特别注意。

北京出版社